Simone Frignani

Der Benediktweg

300 Kilometer von Norcia über Subiaco
bis nach Montecassino

Aus dem Italienischen
von Gabriele Stein

Tyrolia-Verlag · Innsbruck-Wien

Titel der italienischen Originalausgabe:
Il Cammino di San Benedetto

Alle Angaben in diesem Führer wurden sorgfältig recherchiert und erfolgen nach bestem Wissen und Gewissen des Autors. Die Benutzung dieses Führers geschieht auf eigenes Risiko. Eine Haftung für etwaige Unfälle und Schäden wird aus keinem Rechtsgrund übernommen.

Wenn Sie sich auf den Weg machen, denken Sie bitte auch an alle, die nach Ihnen kommen. Wenn Sie möchten, dass Ihre Anmerkungen oder Vorschläge bei der nächsten Auflage des Pilgerführers berücksichtigt werden, schreiben Sie bitte an den Verlag (buchverlag@tyrolia.at) oder an den Autor (info@camminodibenedetto.it).

Weitere Informationen und Aktualisierungen unter www.camminodibenedetto.it.

Bibliografische Information Der Deutschen Nationalbibliothek
Die Deutsche Nationalbibliothek verzeichnet diese Publikation in der Deutschen Nationalbibliografie; detaillierte bibliografische Daten sind im Internet über http://dnb.d-nb.de abrufbar.

© 2014 der deutschen Ausgabe: Verlagsanstalt Tyrolia, Innsbruck
© für die italienische Originalausgabe: 2012 by Cart'armata Edizioni srl / Terre di mezzo Editore, Italy
Umschlaggestaltung: Tyrolia-Verlag, unter Verwendung eines Bildes von Simone Frignani, Motiv: Kloster Subiaco
Layout und digitale Gestaltung: Tyrolia-Verlag, Innsbruck
Kartographie: Valerio Vanoni
Druck und Bindung: Finidr (CZ)
ISBN 978-3-7022-3340-2
E-Mail: buchverlag@tyrolia.at
Internet: www.tyrolia-verlag.at

Inhaltsverzeichnis

Die Etappen

Wie alles begann

„Unser Leben ist ein Pilgerweg.
Im Himmel sind wir entstanden,
für kurze Zeit sind wir hier
und dann ziehen wir wieder weiter."
(Johannes XXIII.)

Es gibt viele Gründe, sich auf den Weg zu machen und ohne Hilfsmittel, nur mit der Kraft der eigenen Beine, Hunderte oder sogar Tausende von Kilometern zurückzulegen. Die Erfolgsgeschichte der Pilgerwege in ganz Europa ist mit rein religiösen Motiven nicht zu erklären: Es scheint sogar, dass nur eine kleine Minderheit aus Glaubensgründen unterwegs ist. Die Palette der Motivationen ist breit und reicht von dem Bedürfnis, Abstand zu gewinnen, bis hin zu der Sehnsucht nach einer existentiellen Erfahrung; von dem Wunsch nach unmittelbarem Naturerlebnis bis hin zur Sorge um die eigene Seele. Häufig sind es auch mehrere Faktoren gleichzeitig, die den Pilger antreiben.

Was auch immer uns bewegt: Wenn der Weg mehr sein soll als ein rein sportliches Unternehmen, dann halte ich es für grundlegend, dass der äußeren eine innere Strecke entspricht. Wer sich zum ersten Mal auf eine Pilgerreise begibt, macht sich das oft nicht wirklich klar. So war es jedenfalls bei mir. Alles begann vor etwa 20 Jahren, als ich kurz nach meinem Examen nach Spanien ging. Ich kam in ein im besten Wortsinn traditionsverbundenes Land von enormer kultureller Vitalität. Treu hielt man dort seit Jahrhunderten an den *Peregrinaciónes* fest, die mit kollektiven religiösen Riten und unter Beteiligung ganzer Gemeinden gefeiert werden. Und damit meine ich nicht nur die nationale oder – in Anbetracht der unzähligen Pilger aus aller Welt – wohl eher transnationale Wallfahrt nach Santiago de Compostela. Ich denke vor allem an die vielen „kleineren" Wallfahrten: Man kann mit Fug und Recht behaupten, dass beinahe jedes spanische Dorf mindestens eine Wallfahrt pflegt – so zahlreich sind sie.

Durch einen Zufall (sollte es tatsächlich Zufall gewesen sein) nahm ich während meines Aufenthalts in Spanien an einem religiösen Brauch aus dem 14. Jahrhundert teil, der Tradition der *Pelegrins de Les Useres*, die im valencianischen Bergland gefeiert wird. Jahr für Jahr machen sich am letzten Freitag im April zwölf Pilger unter der Führung eines Meisters barfuß auf den Weg vom winzigen Dörfchen

Useras zur Wallfahrtskirche von Sant Joan im Penyagolosa-Massiv. Ihre Mission: Gott um Gesundheit, Frieden und Regen zu bitten. Ihnen folgen in gebührendem Abstand und surrealem Schweigen ganze Dörfer, die zwei Tage lang gemeinsam beten, essen, schlafen und auf alten Pfaden wandeln.

Jahre nach diesem spanischen Erlebnis führte mich einer jener Umstände, die ich gerne als göttliche Zufälle bezeichne, als Pilger auf den heiligen Berg der orthodoxen Christenheit, den Berg Athos. Während ich über die Wege der alten Mönchsrepublik ging und mich in der Nähe dieser Klöster aufhielt, in denen seit über tausend Jahren das Herz der Ostkirche schlägt, wuchs in mir der Wunsch, das Mönchtum besser kennenzulernen. Und die Suche nach den Wurzeln des abendländischen Mönchtums führte mich schließlich unweigerlich in die Welt des Benediktinerordens. In den Kamaldulensern begegnete mir eine tausend Jahre alte Kongregation, die den Menschen von heute etwas zu sagen hat, ohne dabei ihre Tradition aufzugeben. Pilgerschaft und Mönchtum – ganz allmählich begann die Idee zu einem Weg in mir Fuß zu fassen. Im darauffolgenden Jahr legte ich mit dem Fahrrad von Camaldoli nach Loreto einen guten Teil des Franziskuswegs zurück. Ich entdeckte ein wunderschönes Stück Italien und begriff, dass die innere Suche immer auch durch die Beine „geht".

Aus dieser Erfahrung erwuchs der Wunsch, einen Weg ins Leben zu rufen, der zu den Ursprungsstätten des benediktinischen Mönchtums führt und den Pilger dabei mit der Persönlichkeit und Spiritualität Benedikts vertraut macht: jenes heiligen Benedikt von Nursia, der zu Recht als der Vater des abendländischen Mönchtums gilt. Einen Weg, der uns in seinem langsamen Voranschreiten abseits von Verkehr, Lärm und der Hektik des Lebens mit der Zeit versöhnt, uns die Innerlichkeit zurückbringt und uns zugleich auf Gott hin ausrichtet.

Verstehen Sie mich bitte nicht falsch: Der Benediktweg ist für alle da, nicht nur für gläubige Christen. Für den Gläubigen aber kann er zu einer wunderbaren Gelegenheit werden, den eigenen Glauben dank der spirituellen Weg-Erfahrung neu zu denken und zu intensivieren. Manche gehen ihn zu mehreren, und das ist großartig! Doch auch in der Gruppe ist es möglich und wichtig, sich ab und zu ein persönliches Stück „Wüste" zu gönnen. Wer nicht glaubt, soll sich dem Weg so nähern, wie es seiner inneren Einstellung entspricht. Man kann ihn auch alleine gehen, wenn man Gefallen daran findet, auf den eigenen Körper zu hören und dem Rhythmus der eigenen Schritte zu folgen. Seinem Geist und seinem Körper wird man damit etwas Gutes tun. Doch alle Mühe wäre vergeblich, wenn jemand völlig unverändert heimkäme.

Ein immer größeres Volk von Pilgern

Als 2012 die erste Auflage der italienischen Originalausgabe dieses Führers erschien, galt mein erster Gedanke den Pilgern – dem „Volk unterwegs", wie ich sie damals liebevoll nannte. Ein paar „Waghalsige" nahmen als erste diesen Weg unter ihre Füße und ich konnte nie und nimmer damit rechnen, dass dieses „Volk" auf dem Benediktweg so rasch so groß werden würde. Und es erfüllt mich mit Stolz, selbst ein Teil dieses „Volkes" zu sein. Was die Herkunft betrifft, ist es bunt gemischt: Alle Regionen Italiens sind darin vertreten und auch der Anteil der Nicht-Italiener nimmt zu. Das ist ein Beleg dafür, dass die Botschaft des Benediktwegs – die Botschaft von Frieden und Brüderlichkeit – gehört worden ist. Wer „Pilger" wird, wird Teil einer Gemeinschaft, die keine regionalen oder nationalen Grenzen kennt: Alle werden eins. Das Wort, mit dem uns das Ziel unserer Pilgerreise begrüßt, „Pax", ist kein Euphemismus: Pilgern ist ein zutiefst friedlicher Akt.

Im Vorfeld hatten wir uns viele Sorgen gemacht: Wird sich jemand verlaufen? Sind die Unterkünfte komfortabel genug? Sind die Etappen nicht vielleicht zu anstrengend? Aber kaum hatte sich das „pilgernde Volk" auf den Weg gemacht, verflüchtigten sich unsere Bedenken. Nur ganz wenige hatten ernsthafte Probleme; die Unterkünfte waren ordentlich, und die Etappen haben sich, was Länge und Schwierigkeitsgrad betrifft, als durchaus angemessen erwiesen. Die Zahl der Übernachtungsmöglichkeiten hat beträchtlich zugenommen, weil viele an das Projekt geglaubt haben; und man muss sagen, dass der Empfang im Allgemeinen außergewöhnlich herzlich ist.

Die Orte am Weg haben das Projekt und die Pilger von Anfang an ganz hervorragend aufgenommen, und dasselbe gilt auch für die Benediktiner: Sie waren sofort von diesem *Cammino* überzeugt, der das Leben und die Wirkungsstätten ihres Gründers bekannt machen soll, und haben die Türen ihrer Gästehäuser weit geöffnet. Gewiss gibt es noch viel zu tun und alle Beteiligten werden ihr Bestes geben. Die Asphaltstrecken könnten – auch wenn es sich immer um sehr wenig befahrene Straßen handelt – durch die Wiedererschließung alter überwucherter Pfade oder durch neu angelegte Wege reduziert werden; und die „Amici del Cammino", eine wachsende Zahl freiwilliger Helfer vor Ort, werden dafür sorgen, dass der Benediktweg gut markiert und begehbar bleibt. (Überall, wo die „Amici del Cammino" vertreten sind, die Sie aufgrund ihrer Ortskenntnis mit wertvollen Informationen versorgen und Ihnen auch in Notsituationen helfen können, wird in der Etappenbeschreibung darauf hinge-

Unterwegs vor Orivinio (Tag 8)

wiesen.) Und schließlich möchte ich daran erinnern, dass allen Pilgern, die sich einen Pilgerpass ausstellen lassen, als nützliche Absicherung auch die entsprechenden GPS-Tracks zur Verfügung stehen.

Durch den Benediktweg erwachen alte Triften, historische Straßen und vergessene Pfade wieder zum Leben. Außerdem trägt der Benediktweg dazu bei, in kleinen, vom Touristenstrom abgeschnittenen Gemeinden neue Chancen und Arbeitsplätze zu schaffen. Dieses „zweite Italien" wäre sonst zu einer langsamen, aber unerbittlichen Entvölkerung verurteilt. In den ersten Jahren ist viel gesät worden und es wird weiter gesät: eine Saat, die schon jetzt reiche Frucht bringt. Hierfür möchte ich allen Freunden danken – es werden immer mehr! –, die diesen Traum mitgeträumt und ihre Zeit und Kraft darauf verwandt haben, dass der Benediktweg weiterwächst. Und ich danke Ihnen, den Pilgern. Ich danke Ihnen für Ihre Herzlichkeit und Begeisterungsfähigkeit und dafür, dass Sie mich unermüdlich anspornen, in meinem Engagement nicht nachzulassen. In dem Bewusstsein, dass ich inmitten eines „Volkes" unterwegs bin, dass meine Träume, meine Freuden und meine Hoffnungen teilt.

An dich, Pilger oder Pilgerin, richte ich diesen Gedanken.
Er soll dich auf deinem Weg begleiten,
nun, da du dich aufmachst, den Spuren des heiligen Benedikt zu folgen:
Lebe diese Erfahrung als ein Geschenk.
Öffne dein Herz und deinen Geist für Gott.
Vertraue der Vorsehung.

Entdecke das Gute im anderen, und wäre es auch nur wenig.
Lerne wieder zu staunen wie ein Kind.
Verliebe dich in die Schönheit, die dich umgibt:
in der Natur, in der Kunst
und in den Wundern der Schöpfung.

Wenn Ihnen das gelingt, dann werden Sie am Ende des Weges vielleicht imstande sein, für das Leben zu danken, das Ihnen geschenkt worden ist. Sie werden begreifen, dass man die wichtigsten Dinge nicht kaufen kann. Und Sie werden erkennen, dass der andere – genau wie Sie – auch nur ein Pilger und Gast auf dieser Erde ist. Dann aber werden Sie sagen können, dass Gott an Ihrer Seite gegangen ist.

Buon Cammino, einen guten Weg, wünscht Ihnen
Ihr Simone

Der heilige Benedikt von Nursia

DAS MÖNCHTUM

Das Wort Mönch kommt vom griechischen μοναχός: „der alleine lebt". Und allein – völlig allein oder in kleinen Gruppen – lebten diese Männer und Frauen, die sich im Lauf der Zeit und auf unterschiedliche Weise von der Welt zurückgezogen haben, um sich in die Kontemplation des Göttlichen zu versenken und durch Gebet, Schweigen, Meditation, Askese und Fasten eine unmittelbarere Beziehung zu Gott zu suchen. Eine derart radikale Lebensentscheidung erwächst aus der Sehnsucht nach „mehr", die jeder Mensch im Herzen trägt, und deshalb war und ist das Mönchtum in den verschiedensten Kulturen der Welt vertreten.

Schon im alten Ägypten gab es Mönche, ebenso im vorchristlichen Judentum; in Zentral- und Ostasien leben hinduistische und buddhistische Mönche, und auch der Islam kennt verschiedene monastische Strömungen wie etwa den Sufismus.

Schon im ganz frühen Christentum zogen sich sogenannte Eremiten (vom griechischen ἔρημος, „Wüste") in die Wüstenregionen von Palästina, Ägypten und Syrien zurück, um dort in der Weltabgeschiedenheit die direkte Beziehung zu Gott zu suchen. Der heilige Antonius, der zwischen dem 3. und 4. Jahrhundert in der ägyptischen Wüste lebte, wurde mit seiner Interpretation der mönchischen Lebensweise für die gesamte Christenheit zu einem Vorbild des vollkommenen Eremiten.

Diese Asketen (ἀσκητής, „der sich übt"), die ihren Geist an Gebete und fromme Meditationsübungen gewöhnt hatten, lebten in Höhlen, auf Inseln, in Schluchten, auf Berggipfeln und überall dort, wo sie dem Zustrom der Menschen entzogen waren.

Die ersten Eremiten blieben jedoch nicht lange allein. Denn manche Orte, die aufgrund ihrer Beschaffenheit für ein weltentrücktes Leben geradezu prädestiniert waren, wurden zuweilen sogar von vielen Asketen gleichzeitig bewohnt. Der Ruf der Heiligkeit, in dem diese Männer standen, zog Scharen von Schülern an, die es ihren Vorbildern nachtun wollten und ihnen in die Einöde folgten, um ihre Lehren zu hören.

Auf diese Weise entwickelten sich neben den frühen Formen des Einsiedlerlebens erste Spielarten eines organisierten Lebens in der Gemeinschaft: sogenannte Zönobien (von κοινός, „gemeinsam", und βίος, „Leben") vor allem nach dem Muster der großen Zönobien, die Pachomios im 4. Jahrhundert im Niltal gegründet hatte.

In einem solchen Zönobium führten die Brüder ein gemeinschaftliches Leben, beteten gemeinsam und arbeiteten für ihren Unterhalt

und um den Armen zu helfen. Um diese verschiedenen Aktivitäten zu strukturieren, war jedoch eine Regel vonnöten: Im Osten stammen die ältesten dieser Klosterregeln von Pachomios und Basileios, während sich im Westen in vorbenediktinischer Zeit jede Gemeinschaft selbst die Ordnung gab, die ihr für ihr Kloster am besten geeignet schien.

Benediktstatue in Nursia

„Der hl. Benedikt war ein großer Zeuge des Friedens, da er ihn in seinem Dasein aufgenommen und in Werken echter kultureller und geistlicher Erneuerung hat Frucht bringen lassen.“

(Benedikt XVI. am 24. Mai 2009 in Cassino)

WARUM GERADE BENEDIKT?

Ein Mann, der nach über 1500 Jahren noch nicht in Vergessenheit geraten ist, sondern im Gegenteil Ehrentitel wie den eines „Patrons von Europa" erhält, muss Außergewöhnliches geleistet haben. Wenn wir jedoch in der Geschichtsschreibung nach biographischen Angaben suchen, werden wir enttäuscht: Die wichtigste Quelle, die *Dialoge* des heiligen Papstes Gregor des Großen, berichten uns fast nichts über den Menschen Benedikt. Es ging dem Verfasser, so viel begreift man bei der Lektüre, weniger um die Person als vielmehr um ihre Errungenschaften: Der heilige Benedikt verschwindet hinter seinem Werk.

Mit Benedikt von Nursia erhält das abendländische Mönchtum seine endgültige Ausprägung. Es war sein großes Verdienst, ein mustergültiges Beispiel christlichen Lebens entworfen und in einer Regel schriftlich niedergelegt zu haben, die Klöstern in ganz Europa seit 1500 Jahren als Leitfaden dient.

Die Weisungen dieser Regel atmen den Geist ihres Verfassers: eines überaus erfahrenen Realisten, eines Vaters, der die Stärken und Schwächen seiner Kinder sehr genau kennt, eines maßvollen und auf Ausgleich bedachten Menschen, der ebendeshalb andere so gut führen konnte. Eines Heiligen, der in einer turbulenten und unsicheren Zeit eine geordnete Gemeinschaft von Mönchen ins Leben gerufen hat.

BIOGRAPHISCHE ECKDATEN

Vier Jahre nachdem Odoaker, der König der Heruler, den letzten weströmischen Kaiser Romulus Augustulus abgesetzt und sich an seiner statt zum Herrscher ausgerufen hatte, wurde 480 in Nursia, einer kleinen Stadt am Fuß der *Monti Sibillini*, der Sibyllinischen Berge, ein Junge namens Benedikt geboren. Aus den *Dialogen*, die Papst Gregor der Große in den Jahren 593–594 verfasst hat, erfahren wir, dass Benedikt eine Schwester namens Scholastika hatte. Die *Dialoge* sind, wie damals üblich, mehr ein erbauliches als ein historiographisches Werk; dennoch eignen sie sich als Grundlage, um das außergewöhnliche Leben des heiligen Benedikt zu rekonstruieren. Die Jahre seiner Kindheit und Jugend verbrachte er in Nursia, wo ihn vermutlich schon das Beispiel jener Eremiten prägte, die seit dem 3. Jahrhundert in den Höhlen des Nera-Tals und der *Valle Castoriana* lebten; die ersten von ihnen waren auf der Flucht vor Verfolgung aus dem Osten hierhergekommen. Nach dem Vorbild der Wüstenväter hatten sie der Welt entsagt und führten ein asketisches Leben in kranzförmig angelegten, in den Fels gehauenen Zellen.

Nachdem er die Schule abgeschlossen hatte, wurde Benedikt nach Rom geschickt, um seine literarischen und juristischen Kenntnisse zu vervollkommnen. Am Ende des 5. Jahrhunderts hatte der Zerfall der klassischen Welt den Völkern aus den eurasischen Steppen Tür und Tor geöffnet und nun bekriegten sie einander im Kernland des alten römischen Reiches; und auch wenn Theoderich, der König der Ostgoten, die alte Ordnung für kurze Zeit wiederhergestellt zu haben schien, war die ruhmreiche Ära der Cäsaren nur mehr eine blasse Erinnerung.

Die römische Zivilisation, Leuchtfeuer der gesamten antiken Welt, war erloschen, und ihre einstige Hauptstadt war nun dem Verfall, der Korruption und dem moralischen Niedergang preisgegeben. Das musste auch Benedikt feststellen, und so zog er, wie Gregor der Große es darstellt, „den Fuß, den er gleichsam auf die Schwelle zur Welt gesetzt hatte, wieder zurück, damit nicht auch er von ihrer Lebensart angesteckt werde und so schließlich ganz in bodenlose Tiefe stürze. Er wandte sich also vom Studium der Wissenschaften ab und verließ das Haus und die Güter seines Vaters. Gott allein wollte er gefallen, deshalb begehrte er das Gewand gottgeweihten Lebens." Gemeinsam mit seiner Amme Cyrilla ging er ins Anienetal und vollbrachte dort sein erstes Wunder, das nicht unbeobachtet

Unser Ziel: die Abtei Montecassino

blieb. Um seinem Stolz keine Nahrung zu geben, trennte sich Benedikt daher von seiner Amme und wandte sich nach Subiaco, wo das Wasser des Flusses Aniene drei Seen speiste. Hier begegnete er einem Mönch namens Romanus, der ihm ein Eremitengewand gab und ihm den Weg zu einer entlegenen Höhle am Berg Talèo zeigte, wo Benedikt drei Jahre lang als Einsiedler lebte. In den *Dialogen* wird ferner berichtet, dass sein Versteck am Ostertag (des Jahres 500 der Tradition nach) entdeckt wurde, weil Gott es so wollte. Daraufhin willigte Benedikt ein, einer Gemeinschaft von Mönchen in einem Zönobium vorzustehen, bei dem es sich der Überlieferung zufolge um das Kloster San Cosimato in der Nähe von Vicovaro gehandelt haben soll; doch nachdem einige der Mönche versucht hatten, ihn zu vergiften, kehrte der Heilige wieder nach Subiaco zurück. Er ließ sich in der Nähe der antiken Ruinen der Nero-Villa nieder und gründete eine Gemeinschaft von 13 Klöstern, von denen jedes über zwölf Mönche und einen eigenen Abt verfügte, aber Benedikts geistlicher Leitung unterstand.

Benedikt blieb etwa 30 Jahre lang in Subiaco. Während dieser Zeit wirkte er so viele Wunder, dass sein Ruhm bis nach Rom drang. Die römischen Patriziersöhne Maurus und Placidus gehörten zu seinen ersten Schülern. Das erregte den Neid eines Priesters namens Florentius, der ihn zu töten versuchte, indem er ihm ein vergiftetes Brot als Geschenk zusandte. Als dieser Versuch fehlschlug, schickte Florentius Prostituierte ins Kloster, um die Mönche zu verführen.

Um seine Brüder zu schützen, verließ Benedikt Subiaco zwischen 525 und 529 und machte sich mit einigen Schülern auf den Weg zum *Monte Cassino*. Auf diesem Berg, wo ein Apollotempel stand und noch immer heidnische Riten gefeiert wurden, erbaute er eine Kirche zu Ehren des heiligen Martin von Tours und eine Kapelle zu Ehren des heiligen Johannes des Täufers; um diesen ersten Kern herum entstand nach und nach ein Kloster.

In Montecassino war es auch, wo Benedikt etwa im Jahr 540 seine Regel verfasste; hier lebte er bis zu seinem Tod, hochverehrt von den Gläubigen und von Totila, dem König der Goten. Benedikt starb am 21. März 547 in Montecassino und wurde im Grab seiner Schwester beigesetzt, die etwa 40 Tage zuvor verstorben war. Die *Dialoge* erzählen, er habe den Herrn mit erhobenen Armen gepriesen und sei, gestützt von seinen Schülern, aufrechtstehend gestorben.

> *Höre, mein Sohn, auf die Weisung des Meisters, neige das Ohr deines Herzens, nimm den Zuspruch des gütigen Vaters willig an und erfülle ihn durch die Tat! So kehrst du durch die Mühe des Gehorsams zu dem zurück, den du durch die Trägheit des Ungehorsams verlassen hast."*
>
> (Regel des hl. Benedikt, Prolog)

DIE BENEDIKTINISCHE REGEL

Benedikts größtes Verdienst besteht darin, dass er den zwar komplexen, aber oft unbestimmten und ungenauen Vorschriften des mönchischen Lebens eine neue und maßgebliche Form gegeben hat. In der *Regula Monachorum* wird eine neue Art des Mönchseins entworfen und die mönchische Gemeinschaft bis in die kleinsten Details hinein festgelegt.

Zu den Grundlagen der Regel gehört die *Ortsgebundenheit*. Benedikt hat die umherstreifenden Mönche, die oft kaum von Vagabunden zu unterscheiden waren, gleichsam an die Leine gelegt, indem er sie dazu verpflichtete, im festen Rahmen eines Klosters zu leben und die Gemeinschaft als ihre Familie anzuerkennen. Ein weiteres wichtiges Element ist die *Zeit*: Benedikt betrachtet die Zeit als ein wertvolles Gottesgeschenk, das es möglichst gut zu nutzen gilt; deshalb teilt er den Tagesablauf der Mönche in Zeiten des Gebets, der körperlichen Arbeit, der geistlichen Lektüre und der Ruhe ein. Das Motto *Ora et labora*, wenn es denn überhaupt von Benedikt selber stammt, bringt das auf den Punkt. Das dritte Element ist die *Gleichheit*. Alle Mönche, ob barbarischer oder lateinischer Herkunft, ob reich oder arm, haben die gleichen Rechte und die gleichen Pflichten, und einer wie der andere sind sie der Regel und der Autorität des Abts unterworfen.

Abendstimmung am Turano-See (Tag 7)

Der Abt (vom aramäischen *abba*, Vater) übt eine väterliche Autorität aus, die sich in der *Discretio*, dem rechten Maß, ausdrückt: Er respektiert den Mönch als Person und kennt seine Stärken und Schwächen. Als Hirte der Gemeinschaft ist er für alle seine Mönche verantwortlich. Die Regel warnt ihn vor zu großer Härte und fordert ihn auf, sich selbst nicht als Herrn, sondern als Vater zu betrachten, der eher geliebt als gefürchtet werden soll. Der Mönch seinerseits ist aufgerufen, dem Abt bereitwillig zu gehorchen: Diese Übung soll ihn vor Stolz bewahren. Das benediktinische Mönchtum flieht nicht vor der Welt, sondern dient ihr mit Gebet und Arbeit in einer beispielhaften Synthese aus aktivem und kontemplativem Leben. Die benediktinische Regel hat das Denken revolutioniert, und man kann sagen, dass sie einen Schlussstrich unter die Antike zieht. Überall und insbesondere in den Klöstern jenseits der Alpen wurde sie begeistert aufgenommen.

Der Sohn und Nachfolger Karls des Großen, Ludwig der Fromme, gab Benedikt von Aniane Anfang des 9. Jahrhunderts den Auftrag, alle Klöster jenes Heiligen Römischen Reichs, das gewissermaßen ein Erstentwurf unseres heutigen Europa war, nach der Regel des heiligen Benedikt zu organisieren. In der Folgezeit ließen sich zahlreiche Ordensgründer von dieser Regel inspirieren. Auf diese Weise prägten Benedikts Ideen die Mönche auf dem ganzen Kontinent, übten auf Kleriker wie Laien einen enormen Einfluss aus, prägten das Denken und drückten den europäischen Völkern einen unauslöschlichen christlichen Stempel auf. Und so kann es nicht überraschen, dass Paul VI. den heiligen Benedikt zum Patron Europas erklärt hat.

DAS BENEDIKTUSKREUZ

Ein Element der Verehrung des Heiligen ist das Benediktuskreuz, eine Medaille, die auf der einen Seite das Bild des heiligen Patriarchen und auf der anderen Seite ein Kreuz mit den Anfangsbuchstaben des folgenden Gebets zeigt:

Crux Sancti Patris Benedicti	Kreuz des heiligen Vaters Benedikt
Crux Sacra Sit Mihi Lux	Das heilige Kreuz sei mein Licht
Non Draco Sit Mihi Dux	Nicht der Drache sei mir Führer
Vade Retro Satana	Weiche zurück, Satan
Numquam Suade Mihi Vana	Verleite mich niemals zur Eitelkeit
Sunt Mala Quae Libas	Böse ist, was du einträufelst
Ipse Venena Bibas	Trinke selbst dein Gift.

Die Verbreitung des Benediktuskreuzes begann 1647 nach einem Hexenprozess im bayrischen Natternberg. Einige Frauen waren als Hexen verurteilt worden und hatten während des Prozesses erklärt, sie hätten der Benediktinerabtei von Metten keinen Schaden zufügen können, weil sie durch das Zeichen des heiligen Kreuzes geschützt gewesen sei. Daraufhin sah man im Kloster nach und fand dort Darstellungen des Kreuzes mit der besagten Inschrift. Niemand hatte jedoch eine Erklärung für die rätselhaften Initialen, bis man in derselben Abtei ein Bild des heiligen Benedikt mit den oben zitierten Worten entdeckte.

Obwohl einige Gelehrte die Medaille aufgrund der rätselhaften Buchstaben für ein Amulett des Aberglaubens hielten, wurde sie 1742 von Papst Benedikt XIV. approbiert und ihre Segensformel ins *Rituale Romanum* aufgenommen. Der Gläubige, der die Medaille trägt, versteht sie als Bitte um seelisches und leibliches Wohlergehen und spirituelle Teilhabe an allen Gnaden, die die Kirche den Mönchen gewährt hat.

Der Benediktweg

Der Benediktweg führt über Steige, Feld- und Fahrwege sowie wenig befahrene Straßen zu den drei wichtigsten Entstehungs- und Entwicklungsorten der benediktinischen Bewegung: *Nursia* – das heutige Norcia –, die Geburtsstadt des heiligen Benedikt, *Subiaco,* wo er über 30 Jahre lang gelebt hat, und *Montecassino,* wo er seinen Lebensabend verbrachte und die Regel vollendete, die seinen Namen trägt. Für die Pilger, die zu Fuß unterwegs sind, beläuft sich die Strecke auf 310 Kilometer; der Fahrradpilgerweg ist 340 Kilometer lang und so angelegt, dass er möglichst wenig von der Wanderroute abweicht.

Wir werden die wichtigsten Klöster und Abteien der benediktinischen Ordensgemeinschaft besuchen und, so gut es geht, den Geist dieser Stätten einfangen – ohne darüber die zahlreichen anderen kulturellen und religiösen Impulse zu vernachlässigen, auf die wir unterwegs stoßen werden. So werden wir die Wirkungsstätten von großen Heiligen wie *Rita von Cascia* oder *Franz von Assisi* kennenlernen oder in einem kleinen Dorf im Sabinerland der auch in Italien so gut wie unbekannten heiligen Agostina Pietrantoni begegnen.

Natürlich ist der Benediktweg kein authentischer historischer Weg. Über den „historischen" Weg, auf dem Benedikt von Nursia zunächst nach Rom, dann nach Subiaco und schließlich nach Montecassino gelangt ist, berichten uns die *Dialoge* nichts – und das ist auch gar nicht ihre Absicht –, wenngleich man annehmen darf, dass er über die römischen Konsularstraßen (zunächst über die *Flaminia* oder die *Salaria;* dann über die *Tiburtina Valeria* und die *Via Latina*) gegangen ist. Doch auf diesen alten Römerstraßen verlaufen heute stark befahrene Staatsstraßen, die sich nicht für Pilger eignen.

Unsere Route folgt daher eher thematischen Gesichtspunkten und macht uns vor allem mit den Stätten, der Geschichte und dem Geist der Benediktiner vertraut. Und da er überwiegend über Fußpfade, Triften, Feldwege und Nebenstraßen führt, darf der Benediktweg zu Recht auch das Etikett „ökologisch" für sich beanspruchen.

Schließlich gibt uns das bedächtige Tempo des Wanderers oder Fahrradfahrers Gelegenheit, ein wunderschönes und weitgehend unbekanntes Italien zu entdecken. Und wenn der *Cammino* außerdem noch unseren Glauben stärkt und uns in spiritueller Hinsicht bereichert, dann fühle ich mich für meine Mühen reich belohnt!

DAS MONOGRAMM

Symbol des Benediktweges ist ein gelbes Monogramm: ein kleines „b", dessen senkrechter Strich in ein Kreuz übergeht. Man hat sich dafür entschieden, den *Cammino* mit diesem Symbol zu markieren, weil man es spontan mit dem Benediktinerorden in Verbindung bringt und die Farbe an eine Tradition anknüpft, die durch die Santiago-Wallfahrt etabliert ist.

Der Benediktweg ist durchgehend markiert; die Abstände zwischen den einzelnen Markierungen richten sich nach den Umständen. Einmündungen und Abzweigungen sind ausnahmslos gekennzeichnet, während dort, wo es keine Gabelungen und auch sonst keine Möglichkeit gibt, in die Irre zu gehen, oder dort, wo die Etappenbeschreibung ausdrücklich auf die Markierungen des CAI, des italienischen Alpenvereins, verweist, die gelben Monogramme weiter auseinanderliegen und dem Pilger nur bestätigen sollen, dass er auf dem richtigen Weg ist.

GPS-TRACKS

Sowohl die Route für die Fuß- als auch die für die Fahrradpilger ist komplett per GPS erfasst. Die Tracks kann man von der Homepage herunterladen; das Passwort erhalten Sie per E-Mail, sobald Sie den Pilgerpass angefordert haben.

DER PILGERPASS

Wie jeder weiß, der schon einmal nach Santiago gepilgert ist, ist der Pilgerpass ein Dokument, das den Pilgerstatus beglaubigt: Man sammelt darin die Stempel der Pilgerherbergen, Kirchen oder interessanten Stätten, die man unterwegs besucht hat.

Vor allem in den Ordenshäusern ist es wichtig, den Pass vorzulegen,

damit man dort als Pilger erkannt und aufgenommen wird. Er ist nicht nur eine Art Ausweis, sondern außerdem eine schöne Erinnerung, die man gerne aufbewahrt. Fordern Sie ihn an und nutzen Sie ihn auch dazu, den *Cammino* immer besser kennenzulernen. Sammeln Sie die Stempel entlang des Benediktwegs! Es entstehen ständig neue, einer schöner als der andere!

Der Pilgerpass gilt übrigens nicht nur für den Benediktweg, sondern auch für den *Franziskusweg* und dessen Verlängerung *Con le ali ai piedi* (dieser Weg führt von Poggio Bustone durch die Abruzzen zum Heiligtum des Erzengels Michael auf dem Monte Gargano), die sich mit dem Benediktweg überschneiden. So ist es möglich, mit nur einem Dokument alle drei Wege zu gehen oder dem einen ein Stück weit zu folgen und dann auf einen anderen zu wechseln. Wenn Sie den Pilgerausweis anfordern möchten, brauchen Sie nur das Formular auf der Homepage auszufüllen.

www.camminodibenedetto.it

Die Homepage des *Cammino*: ein wichtiges Hilfsmittel für Pilgerinnen und Pilger. Sie soll den Pilgerführer nicht ersetzen, sondern um Aktualisierungen und Hintergrundinformationen ergänzen. Außerdem kann man hier die GPS-Tracks herunterladen und den Pilgerpass anfordern. Ich empfehle Ihnen auf jeden Fall, bevor Sie sich auf den Weg machen, die Seite mit den „Aggiornamenti" aufzurufen, wo Sie die neuesten Varianten, Hinweise, Tipps und Ergänzungen zum Pilgerführer finden, die in Echtzeit aktualisiert werden. Auch der Blog und die Facebook-Gruppe, die mit der Homepage verlinkt sind, werden von Nutzen sein und sich als wertvolle Hilfsmittel für einen raschen Austausch von Vorschlägen, Eindrücken und Meinungen erweisen.

Alle, die sich auf den Weg machen wollen, lade ich daher ein, die Homepage zu konsultieren – zu der alle, die den Weg bereits gegangen sind, sehr gerne mit ihren Fotos, Briefen und Reisetagebüchern beitragen dürfen!

Wenn Sie Korrekturen, Vorschläge oder Hinweise zum *Cammino* haben, wenn Sie von Ihren Erfahrungen berichten möchten oder auch einfach nur den persönlichen Kontakt suchen, dann schreiben Sie mir an info@camminodibenedetto.it. Ihr Feedback ist für uns eine große Hilfe und trägt dazu bei, den Weg immer besser zu machen!

DER VEREIN „AMICI DEL CAMMINO DI SAN BENEDETTO"

Die Freunde des Benediktwegs sind dabei, einen Verein zu gründen; Informationen über ihre Aktivitäten finden Sie ebenfalls auf der Homepage.

Unterwegs im Herzen Italiens

Der Benediktweg führt gut 300 Kilometer quer durch das Herzstück Italiens. Er beginnt im Süden von Umbrien und durchquert ganz Latium bis an sein südlichstes Ende, nur einen Katzensprung von der Region Kampanien entfernt.

Norcia, wo der Weg beginnt, ist ein bezauberndes Städtchen zu Füßen der Sibyllinischen Berge, die nicht nur Trekkingfans mit ihren herrlichen Wanderwegen, sondern mit ihrer üppigen Flora und Fauna auch biologisch Interessierte bezaubern. Nicht umsonst ist das Gebiet ein Nationalpark.

Über sanfte Anhöhen erreichen wir sodann eine Reihe kleiner, in unberührter Natur gelegener Dörfer: **Cascia**, wo die heilige Rita gelebt hat – die Patronin der „aussichtslosen Fälle"; **Monteleone di Spoleto**, ein faszinierender mittelalterlicher Ort inmitten einer bukolischen Landschaft; **Leonessa**, ein entzückendes Städtchen am Fuß der Reatiner Berge, in dem Mittelalter und Renaissance auf unnachahmliche Weise verschmelzen. Durch ausgedehnte Buchenwälder überqueren wir die Reatiner Berge und gelangen zunächst nach **Poggio Bustone**, das für die Franziskaner eine wichtige Rolle gespielt hat, und dann in die wunderschöne *Valle Santa*, das „heilige Tal" rund um Rieti.

Von der Papst- und Franziskanerstadt **Rieti** aus geht es das Flusstal des Turano hinauf bis in die bezaubernden Ortschaften **Rocca Sinibalda** und **Castel di Tora**, letzteres über dem *Lago del Turano* gelegen, einem großartigen Stausee inmitten hoher Berge; dann weiter durch die *Monti Lucretili* mit kleinen, gastfreundlichen Orten wie **Pozzaglia**, **Orvinio** oder **Mandela**: Oasen der Ursprünglichkeit – und das nur einen Steinwurf von der Hauptstadt Rom entfernt.

Nach dem Abstieg ins Aniene-Tal erreichen wir **Subiaco**, das erste große Ziel des Benediktwegs, wo die benediktinische Spiritualität mit einer mehr als tausendjährigen Geschichte, Kunst und Kultur und einer atemberaubenden Natur verschmilzt.

Durch eine grüne, kühle Schlucht gelangen wir sodann in das herrlich gelegene **Trevi nel Lazio** am Fuß der *Monti Simbruini* und von dort aus weiter über die *Monti Ernici* mit ihren altehrwürdigen Wäldern, den malerischen mittelalterlichen Dörfern **Vico nel Lazio** und **Collepardo** und der großartigen **Kartause von Trisulti**.

Von hier aus gehen wir Richtung Liri-Fluss – nicht ohne zuvor die **Zisterzienserabtei von Casamari** besucht zu haben, ein seltenes und wunderbares Beispiel der gotischen Baukunst in Italien – und weiter ins geschichtsträchtige **Arpino** mit seiner einmaligen Altstadt und der großartigen Akropolis.

Der Wallfahrtsort Vallebona bei Orvinio. Im Hintergrund der schneebedeckte Monte Velino (2486 m), Foto Maurizio Forte

Von Arpino aus passieren wir die grandiose Melfa-Schlucht, deren Einsamkeit in alten Zeiten die Eremiten anzog; heute leben hier zahlreiche Raubvögel, darunter auch Adler. Die letzte Etappe führt uns schließlich von **Roccasecca**, dem gastfreundlichen und inspirierenden Geburtsort des heiligen Thomas von Aquin, an unser letztes Pilgerziel: die **Abtei von Montecassino**, die wir zumindest teilweise auf demselben Weg erreichen wie die polnischen Soldaten, die im Mai 1944 hier nur noch rauchende Trümmer vorfanden.

Dieser Ort, der mehr als jeder andere zur Verbreitung der benediktinischen Botschaft und zur Entstehung einer gemeinsamen, christlich geprägten europäischen Kultur beigetragen hat, ist der beste Endpunkt eines Weges, der uns durch die Mitte Italiens geführt hat und auf dem wir nicht nur einiges über das Leben und die Werke des heiligen Benedikt erfahren, sondern auch die Kunst, Kultur und Geschichte eines schönen und weitgehend unbekannten Teils des „Bel Paese" kennengelernt haben.

Ehe Sie aufbrechen

DER BESTE ZEITPUNKT

Der Benediktweg verläuft vorwiegend über Fußwege, Saumpfade und Triften und zu einem guten Teil durch Bergregionen. Deshalb ist es ratsam, ihn im Frühjahr oder im Herbst zu gehen und die Regenzeiten zu meiden, wenn einige Stücke unwegsam werden könnten. Der späte Frühling – ungefähr ab April – ist eine wunderbare Zeit, um sich auf den Weg zu machen; und auch der Herbst hat durch die Färbung der Wälder und Berge einen ganz besonderen Reiz. Im Sommer kann es vor allem weiter im Süden und in tieferen Lagen sehr warm werden, doch selbst dann sind die Temperaturen in der Regel erträglich, weil viele Etappen über Höhenzüge und durch Waldgebiete führen.

FEIERTAGE

In Italien sind der 1. Jänner, 6. Jänner, Ostermontag, 25. April (Tag der Befreiung), 1. Mai, 2. Juni (Nationalfeiertag), 15. August, 1. November, 8. Dezember, 25. und 26. Dezember Feiertage.

Fronleichnam und Christi Himmelfahrt sind keine Feiertage mehr (die entsprechenden Feste werden am darauffolgenden Sonntag gefeiert), auch der Pfingsmontag ist ein normaler Arbeitstag.

DIE ETAPPEN

Bei der Etappeneinteilung des *Cammino* haben die Länge der jeweiligen Strecke, die Höhenunterschiede, die Sehenswürdigkeiten und die Unterkünfte eine Rolle gespielt. Sie muss nicht sklavisch eingehalten, sondern kann je nach körperlicher Fitness, zur Verfügung stehender Zeit, Geschmack und Interesse auf die persönlichen Bedürfnisse abgestimmt werden.

Zu Fuß: Der Fußpilgerweg erstreckt sich über 310 Kilometer, die in 16 Tagesetappen unterteilt werden können und vorwiegend über Fußpfade und Fahrwege führen. Die Etappen sind für einen Wanderer ausgelegt, der pro Stunde im Durchschnitt vier Kilometer zurücklegt und unterwegs auch mal eine Pause macht; die Etappen sind durchschnittlich 19 Kilometer lang.

Mit dem Fahrrad: Der Radpilgerweg ist 340 Kilometer lang und folgt nach Möglichkeit derselben Route wie der Fußpilgerweg; nur wo das Terrain für Fahrräder ungeeignet ist, weicht er leicht ab und führt stattdessen über Nebenstraßen. Auf den Karten ist der Radweg strichliert eingezeichnet, wo er vom Wanderweg abweicht.

Sowohl den Rad- als auch den Fußpilgern empfehle ich, auf jeden Fall mindestens einen Tag für Subiaco einzuplanen, um auf halber

Strecke einen Tag zu pausieren und die benediktinischen Stätten mit der gebührenden Muße besichtigen zu können.

DIE AUSRÜSTUNG
(unter Mithilfe von Angela Seracchioli)
Den Rucksack packen
Den Rucksack zu packen ist eine Kunst, die sich mit jeder Wanderung vervollkommnet und einer alten Maxime folgt, nämlich: „Alles wiegt!" Ich schlage vor, dass Sie zunächst alles bereitlegen, was Sie mitnehmen möchten, und dann anfangen auszusortieren – damit Sie sich am Ende wirklich nur das Allernötigste auf den Rücken laden. Die folgenden Ausrüstungsgegenstände sind unerlässlich, wenn man in der Übergangszeit aufbricht.

- *Ein großer Rucksack* (65 Liter): Achten Sie bei der Anschaffung darauf, wie die Schulterriemen und der Hüftgurt gearbeitet sind, der die Schultern entlastet und das Gewicht besser verteilt; es gibt übrigens auch spezielle Frauenrucksäcke. Empfehlenswert ist eine integrierte Regenschutzhülle, um den Inhalt vor Nässe zu schützen, denn kein Rucksack ist völlig wasserdicht.
- *Regencape oder Poncho*: Am besten sind Ponchos, wie sie beim Militär benutzt werden: Sie sind so groß, dass sie auch den Rucksack bedecken, und haben Ringe an allen vier Seiten, sodass sie im Notfall mithilfe einer Schnur sogar zu einem Zelt umfunktioniert werden können.
- *Schlafsack*: so leicht und klein wie möglich.
- *Schlafanzug*: Am besten nimmt man ein Kleidungsstück, das zugleich auch als Freizeitanzug dienen kann.
- *Toilettentasche und Reiseapotheke*: Weniger ist mehr! Man braucht ein Stück Kernseife, um sich selbst und die Wäsche zu waschen, Zahnputzzeug, eine kleine Schere, Nadel und Faden (auch für die Behandlung eventueller Blasen!), Pflaster, Desinfektionsmittel.
- *Sonnencreme*: zu jeder Jahreszeit unerlässlich!
- *Windjacke*: leicht und möglichst aus Goretex.

- *Hosen*: zwei leichte, am besten aus Teflon, denn dieses Material ist gut waschbar, trocknet schnell und wiegt deutlich weniger als Baumwolle.
- *Oberteile*: zwei bis drei, am besten aus atmungsaktivem Funktionsmaterial, das schnell trocknet und in dem man nicht schwitzt.
- *Fleecepullover*: einen leichten für kühlere Abende.
- *Freizeitanzug*: einen – um sich am Ende der Etappe etwas Bequemes anzuziehen und als Schlafanzugersatz.
- *Unterwäsche*: wenig; das allabendliche Wäschewaschen ist für den Pilger beinahe so etwas wie ein Ritual.
- *Schuhe*: Die Wahl des geeigneten Schuhwerks ist grundlegend! Ein Fuß, der nicht schmerzt und sich wohlfühlt, trägt den Pilger überallhin. Auf einigen Etappen sind Bergschuhe sehr zu empfehlen, am besten solche, die auch den Knöchel stützen. Brechen Sie nicht mit ungetragenen Schuhen auf: Laufen Sie Ihre Schuhe zunächst ein, damit sie sich der Fußform anpassen, und um sicherzugehen, dass sie nirgendwo drücken. Wählen Sie besser etwas zu große als zu kleine Schuhe! Auf den weniger anspruchsvollen Etappen können Sie statt der Bergschuhe auch leichtere Trekkinghalbschuhe tragen.
- *Pantoffeln*: am besten leichte Flipflops für die Dusche und um den Füßen am Abend etwas Luft zu gönnen.
- *Kopfbedeckung*: zu jeder Jahreszeit unerlässlich!
- *Wasserflasche*: Sehr bequem ist ein System aus Trinkblase und Schlauch; so bleibt das Wasser lange kühl. Außerdem muss man zum Trinken nicht jedes Mal den Rucksack abnehmen, sondern kann problemlos während des Gehens trinken, sodass man nicht dehydriert.

ACCESSOIRES

- *Sonnenbrille*.
- *Taschenlampe*: Am bequemsten ist eine Stirnlampe, mit der man die Hände frei hat und auch im Bett sehr gut lesen kann.
- *Tagebuch*: ein guter Freund, vor allem, wenn man alleine unterwegs ist; so kann man die Empfindungen und Gedanken des Tages zu Papier bringen. Und später wird es eine kostbare Erinnerung sein.
- *Buch*: ein ganz wichtiger Weggefährte.
- *Fotoapparat*: Am besten eignet sich natürlich eine kleine Kompaktkamera, die bequem in die Jackentasche passt; wenn Sie aber nicht auf Ihre Spiegelreflexkamera verzichten können, dann befestigen Sie sie am Brustgurt Ihres Rucksacks und stabilisieren Sie sie mithilfe des Hüftgurts. Wenn Sie jetzt ein Foto machen wollen, müssen Sie nur den Hüftgurt lösen und geraten nicht in Gefahr, den Apparat irgendwo liegenzulassen.

Auf den Bergetappen (hier der Abstieg nach Poggio Bustone in den Reatiner Bergen, Tag 4) kann ein Kompass hilfreich sein.

- *Kompass:* Er wiegt fast nichts und kann überaus nützlich sein; Sie sollten ihn immer im Rucksack haben.
- *Höhenmesser:* sehr nützlich, vor allem mitten im Wald, wo man keine Orientierungspunkte hat und es besonders schwierig ist, die eigene Position auf der Karte zu bestimmen.
- *Schrittzähler:* Er lässt sich leicht am Gürtel befestigen und zeigt die zurückgelegte Entfernung an.
  Die Wegbeschreibungen arbeiten oft mit Höhen- oder Entfernungsangaben.
- *Batterien:* Wiederaufladbare sind besonders umweltfreundlich. Wenn Sie GPS benutzen, sollten Sie ein Ersatzgerät mit sich führen und nicht vergessen, beide Geräte jeden Abend aufzuladen.
- *Trekkingstöcke:* Sie sind die moderne Variante des traditionellen Pilgerstabs und bergauf wie bergab von Nutzen, weil sie Wirbelsäule und Knie entlasten.
- *Taschenmesser:* ein kleines und einfaches, um Brot und Obst zu schneiden.
- *Feuerzeug:* um ein Feuer anzuzünden und sich aufzuwärmen. Befreien Sie die Feuerstelle zuerst von Gras und trockenen Blättern und begrenzen Sie sie mit Steinen. Hinweis: Ein Feuer sollten Sie wirklich nur im Notfall anzünden und niemals im Wald oder bei Wind!
- *Wasserdichte Plane:* Sie ist leicht, vielseitig verwendbar und nimmt nicht viel Platz weg. Sollte man einmal im Freien übernachten müssen, eignet sie sich hervorragend als Unterlage und schützt vor Bodenkälte.

KARTEN

Die **Karten** im Buch sind im Maßstab 1:50.000 dargestellt und genordet. 2 cm auf der Karte entsprechen also 1 km in der Natur. Die durchgezogene rote Linie entspricht dem Fußpilgerweg, strichliert ist der Radweg angegeben, wo er vom Fußpilgerweg abweicht. Für die Radpilger empfiehlt sich zusätzlich die Mitnahme einer **Straßenkarte** im Maßstab 1:100.000 oder 1:200.000, Fußpilger hingegen benötigen keine zusätzlichen Wanderkarten. **Stadtpläne** bekommt man bei den Tourismusinformationen oder manchmal auch in den Quartieren.

Smartphone: Die Kartenfunktion bedarf des Datenroamings (siehe „Telefon und Internet", S. 26 – Achtung auf mögliche Gebühren!!). Es gibt Telefonanbieter, die Navigationskarten für das Ausland zum Herunterladen (Apps) gratis anbieten. Die Nutzung mittels Datenroaming, auf die Kartenfunktion beschränkt, kann für eine bestimmte Dauer gekauft werden. Erkundigen Sie sich aber beim ersten Mal über den Einstellungsmodus des Smartphones für die Navigationsverwendung im Ausland. Die Kartenfunktion kann sehr praktische Dienste liefern (Straßenübersicht, Stadtpläne). Zudem wird die aktuelle Position angezeigt.

GPS

Die „Puristen" unter den Pilgern mögen es mir bitte nicht verübeln: Wenn Sie über einen unfehlbaren Orientierungssinn verfügen, umso besser für Sie! GPS ist kein Ersatz für die notwendigen topographischen Grundlagen und auch nicht für die Wanderkarte oder den Kompass; dennoch kann es in vielen Fällen eine wertvolle Hilfe sein. Ganz davon zu schweigen, dass es in manchen Fällen sogar überlebenswichtig ist, Ihre Position genau zu kennen, weil die Notrettung Sie dann unverzüglich orten und Ihnen helfen kann. Nachdem wir dies geklärt haben, sollten wir vielleicht erläutern, worum es sich eigentlich handelt. Ein GPS *(Global Positioning System)* ist ein kleines tragbares Gerät von der Größe eines Handys (Smartphones haben ein integriertes GPS, das allerdings weniger leistungsfähig ist als die eigens zu diesem Zweck entwickelten Geräte), das auf der Grundlage verschiedener Satellitendaten Ihre genauen Koordinaten bestimmt. Am besten (und teuersten) sind GPS-Empfänger, auf denen man digitale Karten speichern kann (für Wanderer empfiehlt sich der Maßstab 1:25.000,

Nursia/Norcia von Süden gesehen

für Radfahrer der Maßstab 1:50.000). Anhand der Karte können Sie damit ständig Ihre Position überprüfen. Wenn Ihnen ein solches Gerät zu teuer ist, genügen natürlich auch einfachere Empfänger, die Ihnen die wichtigsten Basisinformationen liefern, nämlich die Koordinaten, die Route und die Tracks. Wenn Sie sich zur Anschaffung eines solchen Geräts entschließen, können Sie auch gleich eines mit integriertem Höhenmesser kaufen; außerdem sollten Sie darauf achten, dass es mit herkömmlichen Batterien läuft, die Sie leicht nachkaufen oder wiederaufladen können.

Aber Achtung: An manchen Stellen (beispielsweise in einer Schlucht) werden Sie keinen Empfang haben; dort nützt Ihnen das GPS-Gerät also nichts; außerdem müssen Sie beachten, dass die Batterien recht schnell leer und überdies kälteempfindlich sind. Deshalb müssen Sie, auch wenn Sie mit einem GPS-Empfänger unterwegs sind, auf jeden Fall den Führer und den unverzichtbaren Kompass mit sich führen!

TELEFON UND INTERNET

Mobiltelefon oder Smartphone sind auf einer Pilgerfahrt praktisch, man muss es ja nicht immer eingeschaltet haben.

Telefon: „Pronto?" – so meldet sich in Italien der Angerufene und es ist nicht üblich, dass er sich vorstellt. Das muss der Anrufer tun.

Festnetzvorwahlen haben **eine Null** vorangestellt. Auch bei Benützung der Landesvorwahl 0039 oder +39 wird diese Null mitgewählt (Tel. 0039 0765 8844…).

Mobiltelefonvorwahlen haben **keine Null** vorangestellt und sie wird daher auch nicht nach 0039 bzw. +39 verwendet. (Cell. 0039

339 49840…) Vor der Telefonnummer wird gerne das Kürzel **Cell**. für *cellulare* (Mobiltelefon) statt **Tel.** verwendet.

Öffentliches Telefon: Telefonwertkarten gibt es in der Trafik, am Kiosk und manchmal in der Bar ab 5 € zu kaufen. Telefonieren (vorher Ecke abreißen!) innerhalb Italiens ist damit günstig, aber nicht überall findet man einen Apparat.

Telefonieren, SMS mit Mobiltelefon: Erkundigen Sie sich, welcher italienische Telefonanbieter einen Partnervertrag mit Ihrer Telefongesellschaft hat. Die Tarife sind dann günstiger, den Betreiber stellen Sie händisch ein. SMS-Botschaften sind billiger als Ferngespräche. Zu zahlen sind sowohl aus- als auch eingehende Telefonate und SMS. Darüber hinaus erkundigt man sich beim heimischen Betreiber über mögliche Sonderangebote für das Ausland.

Datenroaming: Internet, E-Mails, Online-Apps, QR-Funktion usw. sind praktisch, können aber im Ausland sehr teuer werden. Daher bitte beachten:

– **Deaktivieren** Sie am Gerät das Datenroaming, damit sie keine Überraschungen erleben.
– Oder Sie erkundigen sich vor ihrer Abreise bei Ihrem Netzbetreiber über günstige Datenroaming-Pakete.
– Unterwegs gibt es durchaus Gelegenheit für die kostenlose Verwendung von WLAN.

Tipp: Kaufen Sie sich in Italien eine wiederaufladbare Wertkarte (SIM-Karte) für Ihr Mobiltelefon/Smartphone und tauschen Sie die SIM-Karte auf Ihrem Gerät für Gespräche zu italienischen Rufnummern aus. Das ist wesentlich billiger und Sie sind bezüglich des Telefoneinsatzes mobil, was manchmal sehr von Nutzen ist. Wertkarten erhält man in Trafiken und auf Tankstellen.

FÜR DEN FAHRRADPILGER

Der Mechaniker Ihres Vertrauens ist sicherlich in der Lage, Ihnen eine Ausstattung zu empfehlen, die den besonderen Anforderungen entspricht. Deshalb möchte ich mich auf einige wenige Hinweise beschränken, die ich aus eigener Erfahrung für wichtig halte. Weil die Strecke auch über einige Schotterstraßen führt, ist für den *Cammino* meiner Ansicht nach ein Mountainbike am besten geeignet.

• *Fahrradrahmen*: Er sollte hinreichend robust sein und Platz für einen Gepäckträger bieten.
• *Räder*: ebenfalls robust und mit mindestens 36 Speichen ausgestattet, die im Durchmesser nicht weniger als zwei Millimeter dick sein sollten.
• *Reifen*: Tubeless-Reifen sind nicht zu empfehlen, weil anfällig und unpraktisch; Reifen mit Mantel-Schlauch-System sind meiner Meinung nach besser geeignet. Wählen Sie mittelbreite Reifen mit

nicht übertrieben breitem Profil. Um eventuell anfallende Reparaturen zu erleichtern, sollte man darauf achten, dass Vorder- und Hinterrad sich leicht ausbauen lassen.

- *Übersetzung:* mindestens zweifach oder dreifach.
- *Bremsen*: Auch wenn die Scheibenbremsen besser bremsen, sind die traditionellen V-Brakes dennoch brauchbarer, weil sich abgenutzte Beläge leicht austauschen lassen.
- *Sattel*: eine persönliche Entscheidung; er sollte nicht zu sperrig, aber bequem sein (Latex ist hervorragend!). Für Frauen gibt es eigens etwas breitere Modelle.
- *Gepäckträger*: unverzichtbar; er muss stabil und gut am Rahmen befestigt sein und eine Tragkraft von mindestens 25–30 kg besitzen.
- *Scheinwerfer, Rücklicht, Rückstrahler und Reflektoren*: in Italien wie in allen europäischen Ländern gesetzlich vorgeschrieben und unerlässlich für die eigene Sicherheit.
- *Taschen*: Sie sollten leicht auf dem Gepäckträger zu montieren und wieder abzunehmen, bequem in der Hand zu tragen und gut imprägniert sein. Lenkertaschen sind leicht abnehmbar und eignen sich daher gut, um Geld, Papiere, Fotoapparat und ähnliches darin zu deponieren.
- *Kleidung*: Zur Grundausstattung des Fahrradpilgers gehört die hauteng Radlerhose mit Sitzeinsatz. Fahrradtrikots haben den Vorteil, dass sie über Rückentaschen verfügen und ihr Gewebe den Schweiß absorbiert, sodass der Rücken trocken bleibt. Sehr hilfreich sind, wenn man stundenlang den Lenker festhalten muss, auch Fahrradhandschuhe. Unverzichtbar ist ein Regenponcho oder ein anderes wasserdichtes Cape.

- *Werkzeug und Wartung*: Man sollte auf eventuell anfallende Reparaturen vorbereitet sein und auf jeden Fall immer ein Paar Ersatzschläuche und Flickzeug dabeihaben; außerdem einen Satz Schrauben- oder Inbusschlüssel, einen Brems- und einen Schaltzug, eine Zange, einen kleinen Schraubenzieher, Kettenwerkzeug und einen Nippelspanner.
- *Helm*: zu Ihrer eigenen Sicherheit absolut ratsam.
- *Warnweste* (in Leuchtfarbe und mit retroreflektierenden Flächen): auf außerstädtischen Straßen ab einer halben Stunde nach Sonnenuntergang Pflicht.
- *Verbandstasche*: Sie sollte mindestens Pflaster, Verbandmull, Desinfektionsmittel, eine Schere, schmerzstillende und fiebersenkende Mittel, Puder, Wundsalbe o. ä. und Sportsalbe gegen Muskelschmerzen enthalten.

ERNÄHRUNG

Wandern ist ein Ausdauersport, und wer diesen über mehrere Tage hinweg betreibt, sollte besonders auf seine Ernährung achten, denn unsere Ausdauer hängt direkt mit der Art unserer Ernährung zusammen.

Mein Rat: **Frühstücken** Sie morgens ausgiebig und führen Sie ausreichend Kohlenhydrate, Ballaststoffe und Proteine zu. Tee oder Milchkaffee mit Keksen, Brot, Butter und Marmelade oder Honig sowie Obst sind hervorragend geeignet. Unterwegs ist es besser, den Stoffwechsel nicht allzu sehr zu belasten, sondern für eine schnelle und leichte Energiezufuhr etwa in Form von Trockenobst oder Müsli zu sorgen. **Mittags** empfiehlt sich ein kleiner Imbiss (z. B. belegte Brote und Obst), den man mit sich führt. So ist man zeitlich unabhängig. Beim **Abendessen** sollten Sie es sich dann in jeder Hinsicht – das heißt auch psychologisch! – gutgehen lassen! An den Etappenzielen findet man fast immer ein oder mehrere Restaurants. Vertrauen Sie ruhig der Gastronomie vor Ort, aber übertreiben Sie es nicht, vor allem, was die Aufnahme von Fetten und Alkohol anbelangt.

Im Sommer müssen Sie besonders auf Ihren Mineralhaushalt achten und viel **trinken**. Trinken Sie auf keinen Fall erst dann, wenn Sie Durst verspüren! Außer Wasser, das Sie immer bei sich führen müssen, eignen sich auch Fruchtsäfte, die nicht nur Flüssigkeit, sondern auch Mineralsalze und Vitamine enthalten.

ÜBERNACHTUNG

Klöster und Ordenshäuser, in denen der Pilger am Leben der Gemeinschaft teilnehmen, geistlichen Beistand finden und mit anderen Pilgern Erfahrungen austauschen kann, sind zweifellos die erste

„Urlaub am Bauernhof" – Agriturismo Colle del Capitano vor Monteleone di Spoleto (Tag 2)

Wahl. Wo immer diese Möglichkeit besteht, wird mit den Wörtern **Ospitalità pellegrina** („Pilgerherberge") darauf hingewiesen, und wer seinen Pilgerpass vorlegt, kann diese besondere Form der Gastfreundlichkeit in Anspruch nehmen. Das ist wichtig, denn die Ordensleute, die Sie aufnehmen, müssen bei allem Ermessensspielraum natürlich wissen, dass Sie keine Touristen sind, die einfach nur eine preiswerte Unterkunft suchen, sondern Pilger auf Wallfahrt. Einige Pilgerunterkünfte sind kostenlos, andere deutlich billiger als die kommerziellen Übernachtungsmöglichkeiten.

Wenn die Übernachtung kostenlos ist oder niemand Geld von Ihnen verlangt, sollten Sie dennoch bedenken, dass Ihre Unterbringung für die betreffenden Häuser Kosten mit sich bringt. Es ist daher üblich, einen Betrag zu hinterlassen, der sich nicht allzu sehr von dem unterscheidet, was wir in einer Jugendherberge zahlen würden. Die bloße Übernachtung würde ich mit 15 oder 20 Euro, die Übernachtung inklusive Abendessen mit mindestens 30 Euro pro Person veranschlagen.

Wenn es keine Pilgerunterkünfte gibt, kann man eine der zahlreichen **kommerziellen Übernachtungsmöglichkeiten** nutzen: *Jugendherbergen*, *Bed & Breakfast*, *Hotels*, *Agriturismi* und dergleichen mehr. Die Preise können variieren und richten sich unter anderem nach der Saison, der Art des Zimmers oder danach, ob Sie in einer Gruppe oder allein unterwegs sind; außerdem ändern sie sich jährlich. Ich halte es dennoch für hilfreich, sie hier anzugeben, damit jeder sich entsprechend seiner Möglichkeiten darauf einstellen kann. Die Preise wurden im Sommer 2013 aktualisiert und dienen daher nur der groben Orientierung; viele Einrichtungen haben „Sonderpreise" für Pilger. Ich rate Ihnen daher, auch in den kommerziellen Unterkünften den Pilgerpass vorzuzeigen, um gegebenenfalls Ermäßigungen für die Benediktspilger zu erhalten.

Neben den Unterkünften an den Etappenzielen habe ich, wenn vorhanden, auch andere Möglichkeiten für Zwischenübernachtungen angegeben: Das erhöht nicht nur die Wahrscheinlichkeit, dass Sie ein Zimmer bekommen, sondern gibt Ihnen außerdem die Möglichkeit, die Etappeneinteilungen nach Belieben zu verändern. Ganz gleich, um was für eine Art von Unterbringung es sich handelt: Es empfiehlt sich immer, die Betreiber wenigstens ein bis zwei Tage vorher über Ihre Ankunft in Kenntnis zu setzen.

Die Preise gelten, wenn nicht anders angegeben, pro Person im Doppelzimmer.

Ü = Übernachtung, **EZ** = Einzelzimmer, **DZ** = Doppelzimmer

BB = *Bed & Breakfast*: Übernachtung mit Frühstück

HP = Halbpension

PILGERN – EINE FRAGE DES STILS

Der Pilgerpass macht aus uns noch lange keine Pilger: Den Pilger erkennt man am Stil. So schön die Stempel auch sein mögen, sind sie doch nicht der Hauptgrund unserer Wanderschaft – und vor allem keine Rechtfertigung dafür, es unseren Mitmenschen gegenüber an Respekt fehlen zu lassen. Nachmittags um zwei, wenn die Brüder Mittagsruhe halten, an der Klosterpforte zu schellen, sich den Stempel abzuholen und sofort wieder abzuziehen, ohne wenigstens kurz in der Kirche vorbeigeschaut zu haben – von solchen Fällen hat mir ein befreundeter Klosterbruder erzählt! –, ist eines Pilgers nicht würdig. Ein Pilger geht höflich und rücksichtsvoll mit seinen Mitmenschen um und verhält sich angemessen; er ist kein „Miesepeter", sondern lächelt immer, auch wenn es Probleme gibt. Ein Pilger hat alle Sorgen und Ängste zuhause gelassen, verlässt sich auf sich selbst, aber vertraut auch darauf, dass Gott ihn beschützt. Er ist liebenswürdig im Umgang, achtet auf seine Sprechweise und sein Erscheinungsbild und bemüht sich um eine geziemende Haltung und Kleidung. Ein Pilger ist umsichtig und bringt sich und andere nicht unnötig in Gefahr. Ein Pilger ist demütig. In den Unterkünften verlangt ein Pilger nicht, dass alle „nach seiner Pfeife tanzen", sondern richtet sich nach dem Gastgeber, passt sich den Zeiten und der Hausordnung an und akzeptiert den Platz, der ihm zugewiesen wird. Ein Pilger bringt seinen Schlafsack oder seine eigene Bettwäsche mit, er ist selbständig, stört niemanden und bleibt in der Regel nicht länger als eine Nacht. Und ein Pilger bedankt sich. Immer.

Monteleone di Spoleto (Tag 2)

GESUNDHEIT

Am ehesten benötigen Sie unterwegs eine **Apotheke** (farmacia) – einen **Arzt** (medico) oder ein **Krankenhaus** (ospedale) hoffentlich nicht. Italien ist recht gut mit Apotheken versorgt, Ärzte findet man in den größeren Orten und Städten und die Versicherungskarte (E-Card) gilt grundsätzlich. Bei Privatärzten ist das Honorar zu bezahlen.

ANREISE NACH NORCIA

Norcia erreicht man in einer knappen Stunde **mit dem Bus** von Spoleto aus; es gibt eine regelmäßige Busverbindung; die Haltestelle ist auf dem Bahnhofsvorplatz. Derzeit wird die alte Bahnlinie zwischen Spoleto und Norcia, die durch die spektakuläre *Valnerina*, das Tal des Flusses Nera, führt, in einen Wander- und Radweg umgebaut, bisher ist die Strecke aber nur in Teilen begehbar. Wenn die Arbeiten abgeschlossen sind, wird man Norcia von Spoleto aus zu Fuß in zwei und mit dem Rad in einem Tag erreichen können.

Spoleto wiederum ist gut **mit der Bahn** zu erreichen. Es liegt an der Bahnlinie Rom–Ancona, rund 1,25 Std. von Rom entfernt. Es ist also ratsam, mit der Bahn bis nach Roma Termini, dem römischen Hauptbahnhof, zu fahren (und nicht Spoleto von Norden kommend über Nebenbahnen unter mehrmaligem Umsteigen anzusteuern).

Für eine Anreise **mit dem Flugzeug** bieten sich beide römischen Flughäfen an, Ciampino und Fiumicino. Von beiden Flughäfen gibt es Zug- oder Busverbindungen nach Roma Termini.

ANDERE ZUGÄNGE ZUM BENEDIKTWEG

Jedem, der genügend Zeit dazu hat, empfehle ich, den ganzen *Cammino* zu machen. Wenn es für Sie egal ist, in welcher Richtung Sie ihn gehen, dann würde ich Ihnen zu der Reihenfolge raten, die Ihnen der Lebenslauf des heiligen Benedikt vorgibt: von Nursia (Norcia) über Subiaco nach Montecassino. Wer wenig Zeit hat, kann den *Cammino* eventuell in Rieti (von hier aus sind es elf Etappen zu Fuß) oder in Subiaco (sechs Etappen zu Fuß) beginnen. **Rieti** erreichen Sie mit dem Zug über Terni, **Subiaco** mit dem Bus vom Bahnhof Mandela-Valle dell'Aniene aus, der an der Bahnlinie Rom–Pescara liegt.

RÜCKREISE VON MONTECASSINO

Cassino liegt an einer stark frequentierten Bahnlinie. Sie benötigen ca. 1,5 Std. bis nach Roma Termini, ohne umzusteigen. Dort haben Sie Anschluss zu den internationalen Zügen oder Verbindungen zu den Flughäfen.

WICHTIGE BEGRIFFE FÜR PILGER

Abbazia – Abtei	Corso – Prachtstraße	Pieve – Landkirche
Acqua – Wasser	Croce – Kreuz	Poggio – Anhöhe
Arco – Bogen	Duomo – Dom	Ponte – Brücke
Azienda – Betrieb	Eremo – Einsiedelei	Porta – Tor
Borgo – Dorf	Fiume – Fluss	Prato – Wiese
Bosco – Wald	Fonte – Brunnen	Pullman – Bus
Cammino – (Pilger-)Weg	Foresta – Forst, Wald	Rifugio – Unterkunft
Campanile – Glocken-turm	Forte – Festung, Fort	Rocca – Burg
Canale – Kanal	Lago – See	Santuario – Wallfahrts-stätte
Cappella – Kapelle	Loggia – Säulenhalle	Sasso – Stein
Casa – Haus	Molino – Mühle	Scala – Treppe
Castello – Burg, Schloss	Monastero – Kloster	Sentiero – Pfad, Steig, Wanderweg
Centro – Zentrum	Montagna – Gebirge	Stazione – Bahnhof
Centro storico – Altstadt	Monte – Berg	Strada – Straße
Chiesa – Kirche	Municipio – Rathaus; Gemeindeamt	Torre – Turm
Chiesetta – kleine Kirche	Mura – Mauer	Torrente – Bach
Cimitero – Friedhof	Parco – Park	Valle – Tal
Città – Stadt	Palazzo – Palast	Via – Weg, Gasse
Colle – Hügel	Passo – Pass	Viale – Allee
Convento – Kloster	Pian, Piano – Ebene	Vicolo – Gasse
	Piazza – Platz	

Zusammengestellt von Ferdinand Treml für seinen Führer „Der Pilgerweg nach Rom", Tyrolia-Verlag.

Der Fahrradpilgerweg

Ein Tipp: Fahren Sie nicht allzu schnell, sondern wählen Sie ein gemütliches Tempo, damit Sie die wunderschönen Landschaften in vollen Zügen genießen können. Ich schlage vor, den *Cammino* in sieben Tagesetappen einzuteilen (die in Anbetracht der Höhenunterschiede meist weniger als 50 km betragen). In den Karten ist der Radweg strichliert eingezeichnet, wo er vom Fußpilgerweg abweicht.

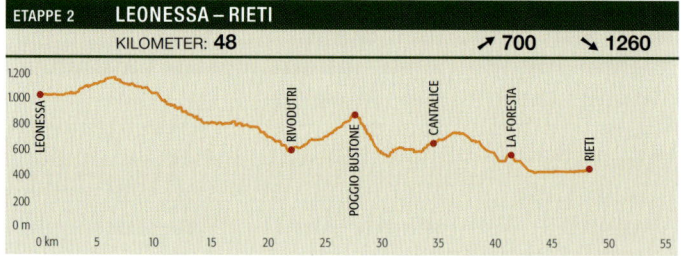

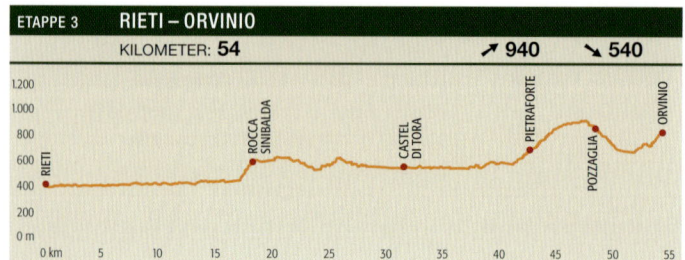

ETAPPE 4 **ORVINIO – SUBIACO**
KILOMETER: **49** ↗ **610** ↘ **920**

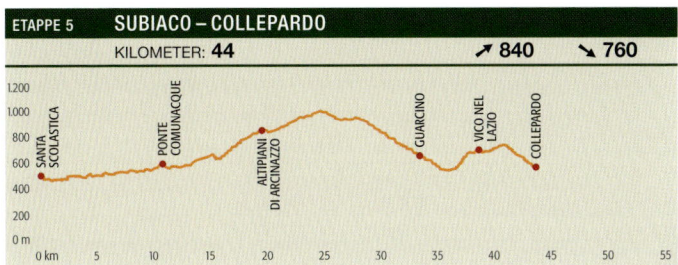

ETAPPE 5 **SUBIACO – COLLEPARDO**
KILOMETER: **44** ↗ **840** ↘ **760**

35

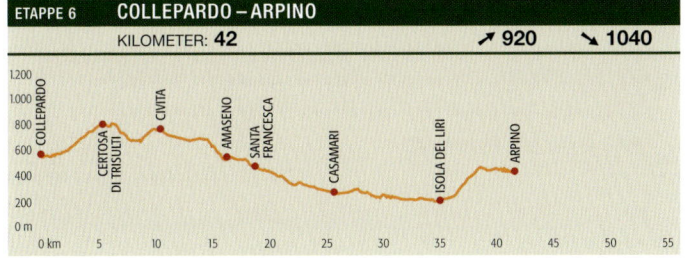

ETAPPE 6 **COLLEPARDO – ARPINO**
KILOMETER: **42** ↗ **920** ↘ **1040**

ETAPPE 7 **ARPINO – MONTECASSINO**
KILOMETER: **49** ↗ **930** ↘ **920**

Auf den Spuren des heiligen Benedikt in Nursia

Der hl. Benedikt und seine Schwester Scholastika wurden um das Jahr 480 in eine Familie aus dem kleinen Provinzadel hineingeboren, die der Überlieferung nach mit der römischen *Gens Anicia* verwandt gewesen sein soll, der auch der Philosoph Boëthius angehört hatte.

Sobald er dem Kindesalter entwachsen war, schickte die Familie den ernsthaften Jungen zum Studium nach Rom. Benedikt kam in eine Stadt mit verderbten Sitten, die im Verfall begriffen war. Deshalb gab er den Gedanken an ein Studium auf und machte sich auf die Suche nach Gott.

Es lebte ein verehrungswürdiger Mann. Er hieß Benedictus. Der Gnade und dem Namen nach war er ein Gesegneter. Schon von früher Jugend an hatte er das Herz eines reifen Mannes, war er doch in der Lebensweise seinem Alter weit voraus. Dem bösen Begehren gab er sich nicht hin. Solange er auf dieser Erde lebte, hielt er die Welt in ihrer Blüte schon für verdorrt, obwohl er sie eine Zeitlang ungehindert hätte genießen können. Er stammte aus angesehenem Geschlecht in der Gegend von Nursia. Zu Ausbildung und Studium wurde er nach Rom geschickt. Dabei sah er viele in die Abgründe des Lasters fallen. Deshalb zog er den Fuß, den er gleichsam auf die Schwelle zur Welt gesetzt hatte, wieder zurück, damit nicht auch er von ihrer Lebensart angesteckt werde und so schließlich ganz in bodenlose Tiefe stürze. Er wandte sich also vom Studium der Wissenschaften ab und verließ das Haus und die Güter seines Vaters. Gott allein wollte er gefallen, deshalb begehrte er das Gewand gottgeweihten Lebens. So ging er fort: unwissend, doch erfahren; ungelehrt, aber weise.

Gregor der Große, *Dialoge*, II,1

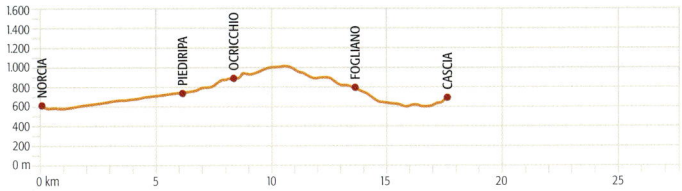

Informationen

Norcia: *Apt,* Piazza San Benedetto, Tel. 0743-828173
Regionales Fremdenverkehrsbüro *Ente Turismo Valnerina,* Tel. 0743-71401

Cascia: *Amico del Cammino:* Roberto, Tel. 338-6703539
Fremdenverkehrsamt *IAT*, Piazza Garibaldi, Tel. 0743-71147
Ente Turismo Valnerina, Tel. 0743-71401

Unterkünfte

Norcia: *Ostello Il capisterium*, Via Manzoni 2, Tel. 0743-828616 / 349-3002091 (Andrea),
info@ilcapisterium.it; 60 Betten, BB 20 € im Doppelzimmer, 18 € im Dreibettzimmer,
17 € im Vierbettzimmer, 15 € im Schlafsaal mit Etagenbetten.
Casa di Accoglienza San Benedetto, beim Kloster Sant'Antonio, Via delle Vergini 13,
Tel. 0743-828208, monastero.s.antonio@tiscali.it; Ü 26 €, HP 45 €.
Agriturismo Casale Tozzetti, Via Case Sparse 325 (im *Piano di Santa Scolastica*, 3 km von
Norcia entfernt), Tel. 328-5407517, info@casaletozzetti.com; 9 Zimmer mit Bad,
BB 30 € pro Person. Shuttleservice zum Ort. Abendessen in den Restaurants der Umgebung.
Monastero di San Benedetto, Gästehaus, Tel. 0743-817125, foresteria@osbnorcia.org;
Pilgerunterkunft beim Klarissenkloster.

Cascia: *Hotel delle Rose – Casa del Pellegrino*, Via Fasce 2 (20 m von der Basilika entfernt),
Tel. 0743-76241, direzione@hoteldellerose.com; 300 Betten, mit Pilgerpass BB 35 € im EZ,
27 € im DZ, HP 48 € im EZ, 40 € im DZ. Geöffnet vom 1. 3. bis 15. 11.
Ostello Sant'Antonio, Via Porta Leonina (gleich neben der Kirche Sant'Antonio),
Tel. 0743-751067, cascia@cooperativadoc.it; 100 Betten in Doppelzimmern, Dreibettzim-
mern und Schlafsälen, Nebensaison BB 23 €, HP 31 €; Juni–August, BB 29 €, HP 37 €.
Einzelzimmerzuschlag 13 €. Geöffnet vom 1. April bis 15. September.
BB Palazzo Sassatelli, Via Nicola Zabaglia 10 (auf einem kleinen Platz unterhalb der Basilika
der hl. Rita), Tel. 338-9639714, francesco.montani@tiscali.it; 3 Zimmer mit Bad,
BB 20 € pro Person. Küchenbenutzung. Das ganze Jahr über geöffnet.
Casa Vacanze Salus, im Zentrum, Tel. 0743-751106 / 335-8375778 (Eleonora), info@
saluscascia.it; Ferienwohnungen für 2, 3 oder 4 Personen mit Küche. 30 € pro Person.
Agriturismo Valle Tezze, Tel. 0743-76111 / 347-3234396 (Stefania), info@valletezze.it;
9 Zimmer, 34 Betten, pro Person BB 25 €, HP 35 €. Mitten im Grünen, 1,5 km vom Ort
entfernt, mit Swimmingpool. Shuttleservice zum Ort.

**Die erste Etappe bietet keine besonderen Schwierigkeiten:
Nachdem man den lieblichen *Piano di Santa Scolastica* durchquert hat, führt der Weg sanft aufsteigend durch die Berge, die
Norcia von Cascia trennen. Hat man erst einmal die 1000 Höhenmeter erreicht, geht es praktisch nur noch bergab.**

Wegbeschreibung

Von der Piazza San Benedetto aus geht man rechts an der Kirche entlang zunächst die Via Mazzini und dann die Via Roma hinunter bis zur *Porta Ascolana*. Man passiert das Tor und nimmt dann rechts die Straße, die an der Stadtmauer entlangführt, bis zur Provinzstraße; wir überqueren sie, gehen geradeaus weiter und biegen dann in die kleine Straße links ab (nicht rechts dem CAI-Wegweiser Cascia folgen).

Wir gehen für 1 km durch ein Gewerbegebiet, bis der Weg in eine größere Straße einmündet; wir gehen nach rechts und nach weiteren 50 m biegen wir links in ein Sträßchen ein, das an Feldern und Weideflächen vorbei durch die wunderschöne Ebene *Piano di Santa Scolastica* führt. Wir passieren ein Zementwerk, danach gehen wir bei einer Weggabelung geradeaus und an einem Gestüt vorbei; ab hier ist die Straße nicht mehr asphaltiert. Nachdem wir die kleine Ansiedlung **Popoli** durchquert haben, folgen wir dem Feldweg weiter bis zum Dörfchen **Piediripa**.

An einer Wegkreuzung mit einem Brunnentrog biegen wir rechts ab; nach 450 m halten wir uns an einer Gabelung in der Nähe einer Kurve weiter geradeaus und folgen dem Schotterweg, der nun bald leicht ansteigt. 800 m weiter gabelt sich der Weg an einer kleinen Votivkapelle; hier halten wir uns rechts und folgen dem Schotterweg bergauf in den Wald; nach weiteren 700 m kommen wir knapp unterhalb des Dörfchens **Ocricchio** erneut an eine kleine Kapelle (mit dem Bild der schmerzensreichen Muttergottes).

Hier folgen wir dem Fußweg nach links (rechts gelangt man ins Dorf, eine Ansammlung von Häusern, die sich um die Kirche Sant'Eutizio

Unterwegs

aus dem 17. Jh. drängen). Der Pfad führt zunächst kurz bergab; dann geht es nach einer kurzen, steilen Steigung sanfter bergauf, bis wir exakt 1 km von Ocricchio entfernt an eine Weggabelung kommen. Hier biegen wir links ab (nicht geradeaus gehen!) in den Wald. Wir folgen weiter dem Hauptweg, immer geradeaus, der nach wie vor sanft ansteigt, und stoßen nach 1 km auf eine Weggabelung mit einer Tränke und einem schönen Rastplatz. Hier gehen wir weiter geradeaus den Hügel hinunter; der Hauptweg führt uns mit zum Teil recht starkem Gefälle hinunter nach **Fogliano**. Wir durchqueren

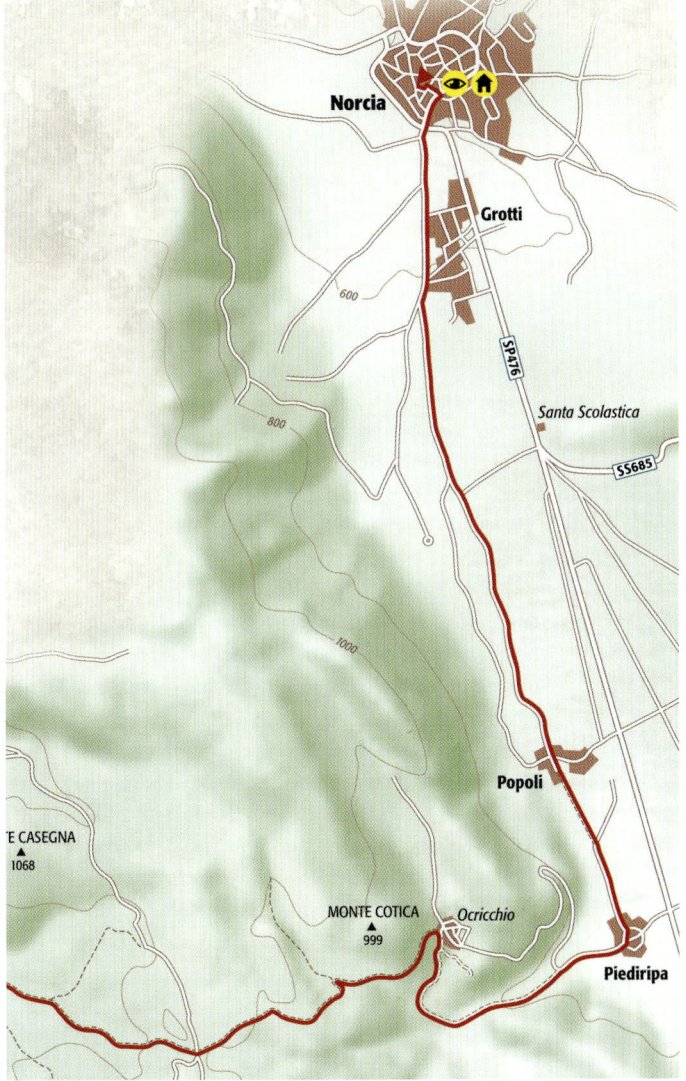

das kleine Dorf und biegen kurz vor dem Ortsausgang links in einen schmalen Asphaltweg ein, der in 100 m zum Kirchlein Sant'Antonio bergab führt.

200 m nach dem Kirchlein wird das Sträßchen zum Schotterweg; die Fahrradpilger sollten auf diesem tückischen Untergrund besonders vorsichtig fahren. Bald darauf erreichen wir die winzige Ortschaft **Palmaiolo**; wir durchqueren den Ort und können schon bald den schönen Blick auf Cascia genießen. Wir gehen rechts auf der Asphaltstraße talauswärts; unser Weg mündet zunächst in die Straße ein, die aus Avendita kommt; ihr folgen wir geradeaus weiter bergab, bis wir auf die Provinzstraße stoßen; hier gehen wir zunächst links und biegen dann 50 m weiter rechts ab; nach weiteren 150 m, die durch ein Gewerbegebiet führen, nehmen wir an einer Kreuzung rechts den leicht ansteigenden Schotterweg. Am Ende der Steigung überqueren wir die asphaltierte Straße und gehen nun bergab in dieselbe Richtung weiter bis zu einem kleinen Kreisverkehr. Hier gehen wir weiter geradeaus, bis wir erneut auf die Provinzstraße stoßen. Wir biegen zunächst links ab und folgen dann gleich darauf den Parkplatzschildern nach rechts. Den Parkplatz lassen wir rechts liegen und gehen über die Via Porta Leonina am *Ostello Santo Antonio* vorbei hinauf nach **Cascia**. Wir betreten die Stadt durch einen Bogen und gelangen über die Via XX Settembre zum kleinen Platz an der Kirche des heiligen Franziskus. Von dort aus kommen wir über den kleinen Aufstieg rechts auf kürzestem Weg zur Basilika der heiligen Rita.

Piazza San Benedetto in Nursia/Norica

Sehenswürdigkeiten

NORCIA: Sanft eingebettet in den *Piano di Santa Scolastica* zu Füßen der Sibyllinischen Berge wird uns dieses Städtchen durch seine Lage, die herrliche Luft und Atmosphäre der Ruhe, die man hier atmet, und durch die Schönheit seiner Baudenkmäler bezaubern. Die Christianisierung dieser uralten Siedlung reicht bis ins 3. Jh. zurück und wurde durch die Eremiten begünstigt, die in dieser Zeit aus dem Osten kamen und sich in der *Valnerina* niederließen; sie haben wahrscheinlich auch noch den hl. Benedikt beeinflusst. Im Lauf der Jahrhunderte ist Norcia von mehreren, zum Teil verheerenden Erdbeben heimgesucht worden, die schwere Schäden angerichtet haben; dennoch besitzt die kleine Stadt bemerkenswerte Kunstschätze, die fast alle um die zentrale *Piazza* herum angeordnet sind.

Da ist zunächst einmal die **Basilica di San Benedetto**, die Kirche des hl. Benedikt aus dem 12. Jh. mit ihrer großartigen Fassade, der Rosette und den Symbolen der vier Evangelisten. Der Überlieferung nach soll sie auf den Überresten von Benedikts Geburtshaus errichtet worden sein; wahrscheinlicher ist jedoch, dass sich an dieser Stelle eine Basilika aus römischer Zeit erhob, deren Fundamente man in der faszinierenden Krypta besichtigen kann; hier herrscht eine ganz besondere Atmosphäre. Der Bogengang gleich neben der Basilika stammt aus der Renaissance und wurde als überdachter Getreidemarkt genutzt. Sein Name, **Portico delle misure**, stammt von den steinernen Behältern, die man früher zum Abmessen von Lebensmitteln benutzt hat. Ebenfalls an der *Piazza* stehen die **Castellina**, ein befestigter Palazzo aus derselben Zeit, der als Sitz

Nursia/Norcia, Krypta der Basilica di San Benedetto

der Präfektur und der päpstlichen Gouverneure diente, die Kathedrale **Santa Maria Argentea** und das **Rathaus**, das im 15. Jahrhundert über dem antiken Konsulatspalast errichtet worden ist.

Es gibt noch viele andere Baudenkmäler und malerische Winkel, und es ist an Ihnen, sie zu entdecken: Geben Sie Ihrer Neugierde nach und lassen Sie sich durch das Labyrinth der kleinen Gassen treiben. Sehr zu empfehlen sind auch die beeindruckenden gregorianisch gesungenen Messen in der Basilika.

Basilika San Benedetto, Öffnungszeiten: 8.20–20.15 Uhr, dienstagnachmittags geschlossen.

Hl. Messe an Werktagen: 10 Uhr. Vesper 17.30 Uhr (Winter); 18.15 Uhr (Sommerzeit); 16.15 Uhr in der Fastenzeit. Komplet 19.45 Uhr. Hl. Messe an Sonn- und Feiertagen: 11.45 Uhr.

CASCIA: Umgeben von waldigen Bergen beherrscht Cascia ein Gebiet, in dem Natur, Geschichte und Spiritualität miteinander zu verschmelzen scheinen. Die uralten Triftwege, die hier hindurchführen, verliehen Cascia schon in der Antike eine gewisse Bedeutung; seine Blütezeit erlebte es aber im Mittelalter. In der Epoche der Stadtstaaten stand es im Mittelpunkt der turbulenten Auseinandersetzungen zwischen Guelfen und Ghibellinen, und die Befestigungsanlagen aus dieser Zeit prägen das Stadtbild bis heute.

Im nahegelegenen Roccaporena wurde die hl. Rita, die Patronin der „aussichtslosen Fälle", geboren. Ihr irdisches Leben ist so eng mit dieser Gegend verbunden, dass man es sich anderswo gar nicht vorstellen könnte. Wer ihre Gedenkstätten besuchen möchte, wird ganz ohne Frage bei jenem Kloster beginnen, in dem, so die Legende, die Heilige trotz verschlossener Türen von ihren drei himmli-

Blick auf Cascia

schen Beschützern abgesetzt worden sein soll. Das **Kloster der hl. Rita** ist ein altes Gebäude aus dem 12. Jh. – anfangs lebten hier Benediktinerinnen, bis es ungefähr in der zweiten Hälfte des 14. Jhs. an die Augustinerinnen überging – und wird noch heute von Klausurschwestern bewohnt. Diese heilige Stätte war der Schauplatz zahlreicher Begebenheiten aus dem Leben der hl. Rita: Nehmen Sie auf jeden Fall an einer Führung teil; danach sind Sie bereit für einen Besuch in der **Wallfahrtskirche der hl. Rita**. Sie wurde in neuerer Zeit erbaut, um den Leichnam der Heiligen aufzunehmen, und ist ein wichtiges Ziel für Pilger aus aller Welt.

Die **Kirche des hl. Augustinus**, die sich auf einer Anhöhe oberhalb des Dorfes erhebt, ist von allergrößtem kunsthistorischem Interesse, weil ihr Inneres mit Fresken der umbrischen und peruginischen Schule aus dem 14. und 15. Jh. ausgeschmückt ist; ebenfalls einen Besuch wert sind die Kirche **San Francesco** aus dem 15. Jh. mit ihrer wunderschönen Fassadenrosette und dem komplett mit Fresken und Stuck dekorierten Innenraum; und schließlich die **Stiftskirche Santa Maria** aus langobardischer Zeit sowie die Kirche **Sant'Antonio**, die wertvolle Bilder und Fresken beherbergt.

■ Die heilige Rita von Cascia

Margherita Lotti kam 1381 in Roccaporena zur Welt; ihre Eltern waren Friedensstifter – in einer durch die Rivalität zwischen Guelfen und Ghibellinen zerrissenen Epoche eine verantwortungsvolle Aufgabe. Die *Fioretti,* Legenden der Volksfrömmigkeit, erzählen, dass sich der Kleinen, als sie erst ein paar Tage alt war und in ihrem Körbchen auf dem Feld schlief, ein Bienenschwarm genähert habe. Ein Bauer, der sich gerade an der Hand verletzt hatte, kam vorbei und versuchte die Insekten zu verscheuchen: Daraufhin schloss sich auf wunderbare Weise der Schnitt in seiner Hand, während die Bienen das Kind nicht etwa stachen, sondern ihm Honig auf die Lippen träufelten.

Ihre Kindheit und Jugend verbringt Rita in der bescheidenen bäuerlichen Welt von Roccaporena; mit sechzehn wird sie, die ihr Leben eigentlich Gott weihen will, von ihren Eltern gedrängt, Paolo Mancini zu ehelichen, einen herrischen Offizier mit schwierigem Charakter. Rita erträgt ihn mit großer Geduld, sorgt unermüdlich für ihre Familie, erzieht die beiden Söhne im christlichen Glauben und schafft so die Voraussetzungen dafür, dass auch ihr Mann schließlich sanftmütiger wird.

Als der Familienfrieden endlich hergestellt scheint, wird Paolo eines Abends auf dem Heimweg ermordet. Rita vergibt den Mördern, fürchtet jedoch, dass ihre Söhne den Weg der *Vendetta,* der Blutrache wählen werden: Also betet sie zu Gott, dass ihre Kinder sich nicht mit dem Blut anderer Menschen beflecken. Wenig später erkranken die beiden und sterben. Daraufhin entschließt sich Rita, ihren alten Traum wahrzumachen und ihr Leben Gott zu weihen. Dreimal klopft sie an das Tor des Augustinerinnenklosters Santa Maria Maddalena in Cascia und dreimal wird sie abgewiesen, weil die Äbtissin die Folgen der von Paolos Eltern geführten Fehde fürchtet. Wieder sind es die *Fioretti*, die uns erzählen, wie ihre drei Lieblingsheiligen Augustinus, Johannes der Täufer und Nicola von Tolentino Rita des Nachts vom Felszacken in Roccaporena zum Kloster flogen und sie bei verschlossenen Türen innerhalb der Klostermauern absetzten, wo die Äbtissin sie am nächsten Morgen fand. Ganz offensichtlich war es Gottes Wille, dass Rita Nonne werden sollte, und so nahm die Äbtissin sie endlich in ihrem Kloster auf.

Rita stellte sich rückhaltlos in den Dienst des Klosters; außerdem gelingt es der mutigen Frau, die beiden fehdeführenden Familien miteinander zu versöhnen. Als sie am Karfreitagsabend des Jahres 1442 ins Gebet versunken vor einem Bild des Gekreuzigten kniet, bohrt sich ihr auf wundersame Weise ein Dorn aus Jesu Dornenkrone in die Stirn und hinterlässt dort eine tiefe Wunde, die sich erst nach Ritas Tod 15 Jahre später schließen sollte. Im Winter 1457 plagt sie eine letzte Sorge: die Ungewissheit, ob ihre Gebete den Seelen ihres Mannes Paolo und ihrer beiden Söhne haben helfen können, für ihre Gewalttätigkeit und ihre Rachegedanken Buße zu tun. Als Antwort auf ihre Frage lässt Christus in ihrem verschneiten Garten in Roccaporena eine Rose erblühen und zwei Feigen heranreifen.

Rita stirbt in der Nacht vom 21. auf den 22. Mai 1457, und ihre Verehrung breitet sich rasch aus; sie gilt als die Heilige der aussichtslosen oder unmöglichen Fälle, und ihr Gedenktag ist der 22. Mai.

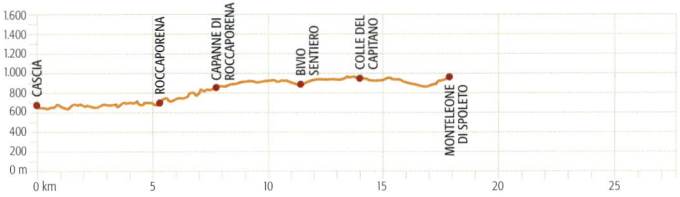

Informationen

Monteleone di Spoleto: *Amico del Cammino:* Saverio, Tel. 320-6660376
Informationen und Besichtigung der Biga: Roberto, Tel. 328-2775733
Stempel für den Pilgerpass in Colle del Capitano und in der Bar *Leone dell'Appennino am Corso.*
Ente Turismo Valnerina, Tel. 0743-71401

Unterkünfte

Monteleone di Spoleto: *Agriturismo Colle del Capitano,* Tel. 0743-70277 / 328-3656302 (Piera), colledelcapitano@virgilio.it; authentische regionale Küche und herzliche Gastfreundschaft mitten in der freien Natur, 20 Betten, BB 20 €, HP 40 €; Ermäßigung für Pilger mit eigener Bettwäsche. Kostenloser Zeltplatz. Liegt am Weg, 4 km vor Monteleone.
Hotel Brufa, Strada Provinciale 8 (von der Ortsmitte von Monteleone aus 300 m die Provinzstraße nach Ruscio hinunter), Tel. 0743-70646 / 347-9410766 (Emanuela), hotelbrufa@libero.it; 22 Zimmer, alle mit Bad, geöffnet von Ostern bis zum 31. Oktober. BB pro Person im Doppelzimmer 30 €, HP 45 €.
Ferienwohnung, im Dorf, Tel 328-2775733 (Roberto). Fragen Sie in der Bar *Leone dell'Appennino* am Corso. 2 Zimmer mit 4 Betten, Bad und Küche. BB pro Person 20 €.

Ruscio: *Zimmervermietung Le Cascatelle,* Strada Regionale Leonessana, Tel. 0743-70111, info@agriturismocascatelle.it; 10 Betten in Doppelzimmern mit Bad, Waschmaschine und Küchenbenutzung, BB 25 € pro Person, HP 40 €. Folgen Sie der Wegbeschreibung der nächsten Etappe und gehen Sie, wenn Sie die Straße gegenüber dem Abzweig nach Ruscio erreicht haben, nach rechts Richtung Leonessa; nach 400 m sehen Sie die Bar auf der rechten Seite.
Ex-asilo, Tel. 347-3363460 / 335-8094665, info@proruscio.it; Gruppenschlafsaal, zurzeit Grillplatz und Waschplatz verfügbar; Verbesserungen sind in Arbeit. Kostenloser Zeltplatz.

**Diese Etappe ist einfach und landschaftlich sehr ansprechend. Von Cascia aus folgen wir dem *Sentiero di Santa Rita*, einem wunderschönen, teils in den Fels gehauenen Weg durch waldiges Gebiet, der ein Stück den Fluss Corno hinaufführt. In Roccaporena sind der Besuch der Gedenkstätten der Heiligen und der kurze Anstieg zum *Sacro Scoglio* ein Muss.
Im Anschluss folgen wir einem reizvollen Höhenweg und erreichen schließlich durch ein ländliches Gebiet von seltener Schönheit das bezaubernde mittelalterliche Dorf Monteleone di Spoleto.**

Wegbeschreibung

Wir folgen der Gasse, die rechts an der Basilika der heiligen Rita entlangläuft und nach rechts in die Via dei Priori abknickt; an ihrem unteren Ende biegen wir links ab und nehmen sodann die zweite Gasse links (Via del Pago), die uns aus Cascia hinaus- und in das Flusstal des Corno führt. Nach 500 m verlassen wir die asphaltierte Straße, folgen den Hinweisschildern zum *Sentiero di Santa Rita* und gehen links einen kleinen Pfad hinauf.

Der Weg ist großartig; er führt durch Wälder und ist stellenweise in den Fels hineingehauen. Er ist kaum länger als 3 km, verläuft auf halber Höhe und beinahe ohne Steigung und ist daher – von einigen Stellen abgesehen, die durch Hangrutschungen recht schmal geworden sind und daher eine gewisse Aufmerksamkeit erfordern – völlig anspruchslos. Der Pfad endet am Corno; wir überqueren den Fluss auf einer kleinen Holzbrücke und biegen dann links in die Straße ein. Nach einigen 100 m taucht die beeindruckende Silhouette des *Scoglio Sacro* vor uns auf. Wir gehen weiter und erreichen schon bald **Roccaporena**, wo man auf jeden Fall die Gedenkstätten der hl. Rita besuchen sollte: ihr Geburtshaus und das Haus, das sie mit ihrem Ehemann bewohnte; das Lazarett und die Kirche San Montano. Auch der Aufstieg zum *Scoglio* ist ein Muss; von dort reicht die Fernsicht bis zu den Sibyllinischen Bergen. Schweren Herzens verlassen wir Roccaporena auf der einzigen Straße nicht nach Cascia, sondern in die entgegengesetzte Richtung.

An der Wallfahrtsstätte der heiligen Rita vorbei folgen wir der Straße 2 km bergauf nach **Capanne di Roccaporena**. Am Ortsschild nehmen wir links einen Saumpfad, der zunächst ansteigt und dann eine ganze Weile etwa gleichbleibend auf einer Höhe von 900 m verläuft. Der Abschnitt ist schön, überhaupt nicht anstrengend und führt fast gänzlich durch waldiges Gebiet; ab und zu geben die Bäume die Sicht frei und man ahnt in der Ferne die Reatiner Berge und den *Monte Terminillo*. Etwa 4 km nach der Gabelung von Capanne gelangen wir über einen kurzen, aber steilen Anstieg zu einer neuerlichen Weggabelung. Hier biegen wir rechts ab und gehen 50 m weiter bis zur nächsten Abzweigung, wo wir in den leicht ansteigenden Pfad nach links einbiegen. Dieser führt für etwa 1 km geradeaus über die Höhe, zunächst durch dichtes Buschwerk, dann wird der Weg wieder deutlicher; nun geht

Roccaporena, der Heimatort der hl. Rita

es auf einem Waldweg auf und ab, bis wir – nach einem weiteren Kilometer und einem kurzen Abstieg – den **Agriturismo Colle del Capitano** erreichen. Hier wurde 1902 unter der Tenne der berühmte Streitwagen aus dem 6. Jh. v. Chr. gefunden.

Wir gehen rechts und folgen für die nächsten 3 km einem breiten Schotterweg (nicht dem ausgeschilderten CAI-Steig Nr. 19), der bald zur Asphaltstraße wird. Wir erreichen einen Trinkbrunnen an der Straße, die von Usigni kommt. Aber diese Straße nehmen wir nicht, sondern gehen links auf einem asphaltierten Sträßchen bergab durch eine atemberaubende Agrarlandschaft, die von der Silhouette von Monteleone beherrscht wird. Bei einer neuerlichen Tränke und

einer weißen Toreinfahrt macht der Weg einen Linksknick. Wir folgen hier rechts geradeaus einem Schotterweg, der rasch bergab führt. Der Schotterweg wird zum Pfad, der durch einen kleinen Graben und dann über gepflasterten Untergrund und an Trockenmauern vorbei rasch wieder bergauf führt, bis er unterhalb von **Monteleone** in ein Asphaltsträßchen mündet. Wir gehen rechts steil bergauf und betreten den Ort durch die *Porta Spoletina*.

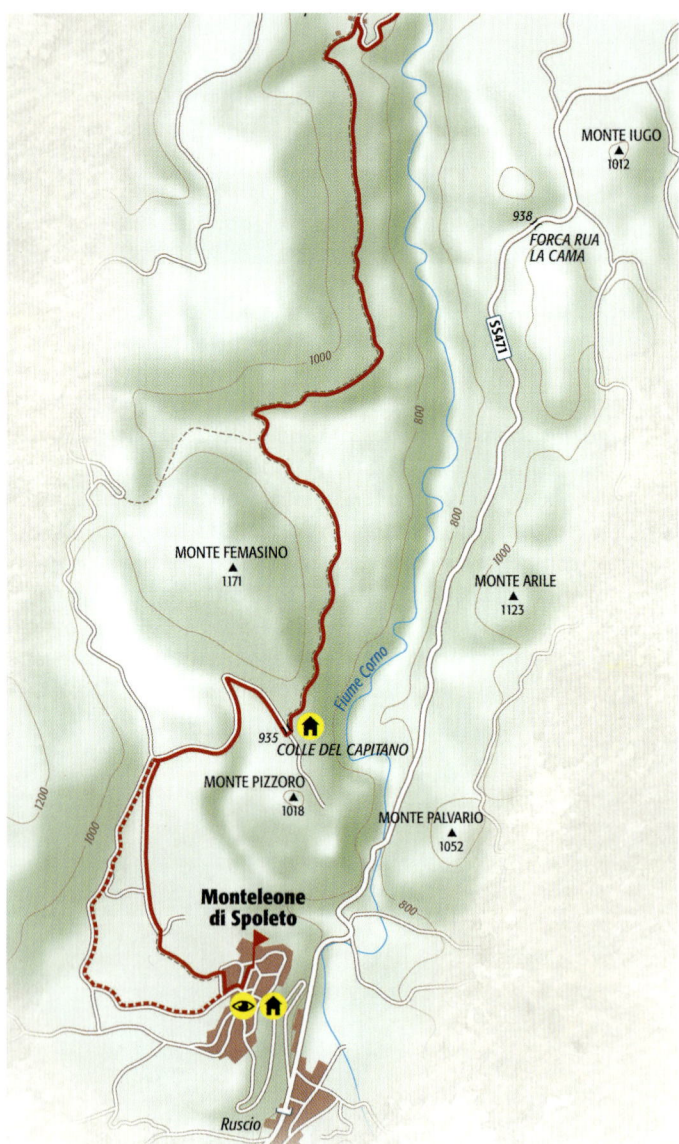

Auf dem Weg nach Monteleone

Variante für Radfahrer

Nachdem wir Cascia über die Via del Pago verlassen haben, zweigen wir nicht in den Sentiero di Santa Rita *ab, sondern folgen weiter der Straße, die zum Fluss Corno hinunterführt. Wir biegen links ab und erreichen nach 4 km Roccaporena. Ab hier ist die Strecke für die Mountainbiker wieder identisch mit dem Weg für die Fußpilger. Auf den letzten 3 km sollten die Radfahrer besser der Hauptstraße folgen: Biegen Sie hinter Colle del Capitano links in die Hauptstraße ein, die zunächst bergab und dann kurz vor Monteleone noch einmal ein kleines Stück bergauf führt.*

Achtung: Nach starken Regenfällen kann der unbefestigte Straßenabschnitt zwischen Capanne di Roccaporena und Colle del Capitano sehr schlammig sein. In diesem Fall ist Monteleone von Cascia aus für Fahrradpilger über die Regionalstraße Leonessana erreichbar.

Sehenswürdigkeiten

ROCCAPORENA: Ein bezaubernder Ort am Ende einer kleinen Schlucht und inmitten einer Landschaft gelegen, wie man sie sich vollkommener nicht vorstellen kann. Hier wurde die hl. Rita geboren, an deren Leben man im Dorf auf Schritt und Tritt erinnert wird. Der *Sacro Scoglio*, den man über einen Kreuzweg mit 300 Stufen erreicht, ist eine spektakuläre, steil aufragende Felsformation. Rita liebte es, hier zu beten, und sie tat dies so intensiv, dass oben auf dem Felsen noch heute die Abdrücke ihrer Knie und Ellbogen zu sehen sind. Zu besichtigen sind ferner das **Haus der hl. Rita** mit dem angrenzenden *Orto del miracolo*, dem „Garten des Wunders", wo mitten im Winter eine Rose aufblühte und zwei Feigen reiften, und die *Kirche San Montano* aus dem 13. Jh., wo Rita geheiratet hat; außerdem das **Lazarett** – ursprünglich ein Hospital –, wo die Heilige mehrere Kranke heilte, und die **Wallfahrtskirche zur hl. Rita**, die für die Pilger gebaut und nach dem letzten Weltkrieg fertiggestellt wurde. Alle diese Stätten waren lange Zeit völlig abgeschieden; das änderte sich erst, als 1950 die Straße eingeweiht wurde, die Roccaporena seither mit Cascia verbindet.

MONTELEONE DI SPOLETO: Dieses Dorf mittelalterlicher Prägung erhebt sich auf einer Höhe von 1000 m über dem Corno-Tal. Aufgrund seiner Lage am Schnittpunkt sehr alter und strategisch wichtiger Verbindungswege aus dem Norden (Norcia), dem Westen (Spoleto), dem Süden (Leonessa) und dem Osten *(Via Salaria)* war seine wirtschaftliche und militärische Bedeutung früher nicht unbeträchtlich. Bis 1860 befand sich in Ruscio die Zollstation zwischen dem Kirchenstaat und dem Königreich Neapel; an diese alte Grenze erinnern noch heute die Grenzsteine auf der Rampe vor der *Porta dell'Orologio* mit ihrem Uhrturm.

Bemerkenswert sind die **Kirche und das Kloster des hl. Franziskus**. In der Kirche, die zunächst von Benediktinern und dann von Franziskanerbrüdern genutzt wurde, zog man gegen Ende des 14. Jhs. ein Tonnengewölbe ein, sodass aus einer Kirche zwei wurden. Die Sakristei, das Seitenschiff, die Fassade und das Portal gehören zur Oberkirche, die dem hl. Franziskus geweiht ist.

Im Inneren des Gebäudekomplexes kann man eine Kopie der berühmten *Biga* bewundern: eines aus Nussholz gefertigten, komplett mit vergoldeten Bronzeplatten verkleideten Prunkwagens (wenn Sie die *Biga* besichtigen möchten, wenden Sie sich an Roberto im Café

Kopie der berühmten Biga im Dorfmuseum

Der Uhrturm von Monteleone; im Vordergrund ein alter Mühlstein und ein Grenzstein von 1847

Leone dell'Appennino am Corso, Tel. 328-2775733). Dieses kostbare Stück griechisch-ionischer Machart stammt aus dem 6. Jh. v. Chr. und wurde 1902, hervorragend erhalten, in einem Hügelgrab in der Ortschaft Colle del Capitano entdeckt. Neben weiteren überaus reichen Grabbeigaben fand man darin die Körper eines Mannes und einer Frau. Die *Biga* wurde beinahe sofort entwendet und in die Vereinigten Staaten gebracht; seit 1903 ist das Original im *Metropolitan Museum* in New York zu sehen.

Mit seinen dicken Mauern, Bastionen, Wachtürmen und Toren und mit seinen drei Ortsteilen San Nicolò, Santa Maria und San Jacobo hat sich das ehemalige **Castello di Brufa** in seinem Inneren das typische Gepräge einer mittelalterlichen Festungsanlage erhalten. Die engen Gassen und kleinen Plätze säumen Adelspaläste und der gesamte Komplex – der Uhrturm, die Kirchen, die Wohnhäuser, die Portale, die Bögen, die Trockensteinmauern, die Grenz- und die Mühlsteine – ist aus dem für die Region typischen weißen und roten Fels erbaut.

Informationen

Leonessa: *Pro Loco,* Corso San Giuseppe 48, Tel. 0746-923380
Informationen zu den Wanderwegen des CAI bei Pino, Tel. 347-3390076, oder bei Marco,
Tel. 338-4874318
Den *Stempel* für den Pilgerpass erhalten Sie in der Trafik *Rauco* am Corso.

Unterkünfte

Leonessa: *Kapuzinerkloster,* Viale Crispi 31, Tel. 0746-922154, suosanto@libero.it; rufen Sie
ein paar Tage vorher an, am besten während der Essenszeiten, fragen Sie nach Pater Orazio.
Eigene Bettwäsche erforderlich. Vom *Cammino* aus biegen Sie am Kirchlein Santa Maria di
Loreto links in die Staatsstraße ein, das Kloster befindet sich nach 250 m auf der linken Seite.
Zimmervermietung Rauco, 150 m von der *Porta Spoletina* und nur ein paar Schritte vom
Zentrum entfernt, Tel. 0746-920038 / 329-6184557 (Sandro), cristinadilor@tiscali.it;
27 Betten, mit Bad, Preise pro Zimmer: 30 € für das Einzelzimmer, 50 € für das Doppel-
zimmer, 55 € für das Dreibettzimmer, 60 € für das Vierbettzimmer. Fragen Sie in der Trafik
am Corso San Giuseppe, Hausnummer 78.
Hotel La Torre, vor der *Porta Spoletina,* Tel. 0746-922166/67, bbarberini@tiscali.it;
BB 50 € pro Einzelzimmer, 70 € pro Doppelzimmer, HP 60 € pro Person im Einzelzimmer, 45
€ pro Person im Doppel- oder Dreibettzimmer.

Vor Leonessa am Weg: *BB L'Antica Macina,* Villa Lucci (300 m von der *Piazzetta* entfernt),
Tel. 331-3687076 (Fausto); 3 Zimmer für 9 Betten. BB 20 € pro Person.
Agriturismo Forcamelone, Villa Pulcini (150 m von der *Piazza* entfernt, biegen Sie in das
Sträßchen links von der Kirche ein), Tel. 0746-922439, Einzimmerapartments mit
Kochnische, 50 € pro Doppelzimmer. Restaurantbetrieb an den Wochenenden.

**Diese kurze und sehr einfache Etappe verläuft fast völlig eben.
Wir kommen an kleinen Dörfern und Gehöften vorbei, überqueren wunderschöne Weiden mit Kühen und halbwilden Pferden
und genießen die ganze Zeit über die herrliche Landschaft und
den Blick auf die Reatiner Berge.**

Wegbeschreibung

Von der Piazza Regina Margherita aus gehen wir nach rechts (wenn
man mit dem Gesicht zur Burg steht) und über ein Treppengässchen
zwischen den Häusern hindurch nach unten. Am Ende der kleinen

Monteleone, Reste der Kirche zur hl. Katharina

Gasse führt unser Weg unter einer Brücke hindurch; dann folgen wir weiter geradeaus abwärts der Via Roma, die an der Stadtmauer von Monteleone entlangläuft. Vor einem Bogen biegen wir rechts ab in eine kleine Straße, die uns hinunter zur halbverfallenen Kirche Santa Caterina führt.

Von hier aus hat man eine großartige Sicht auf das obere Corno-Tal, die Reatiner Berge und den unterhalb gelegenen Vorort Ruscio. Wir verlassen Monteleone durch die *Porta delle Monache* und biegen links ab in einen Pfad, der bergab und ebenfalls wieder an einem Stück der alten Stadtmauer entlangführt; an einer Marienkapelle mit der für diese Gegend typischen Darstellung der *Madonna della Quercia* (Muttergottes von der Eiche) gehen wir rechts über einen kleinen Pfad, der rasch zur asphaltierten Straße hin abfällt. Der Pfad

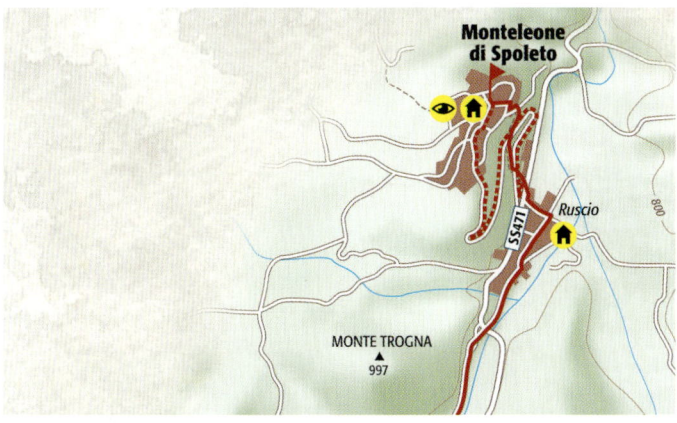

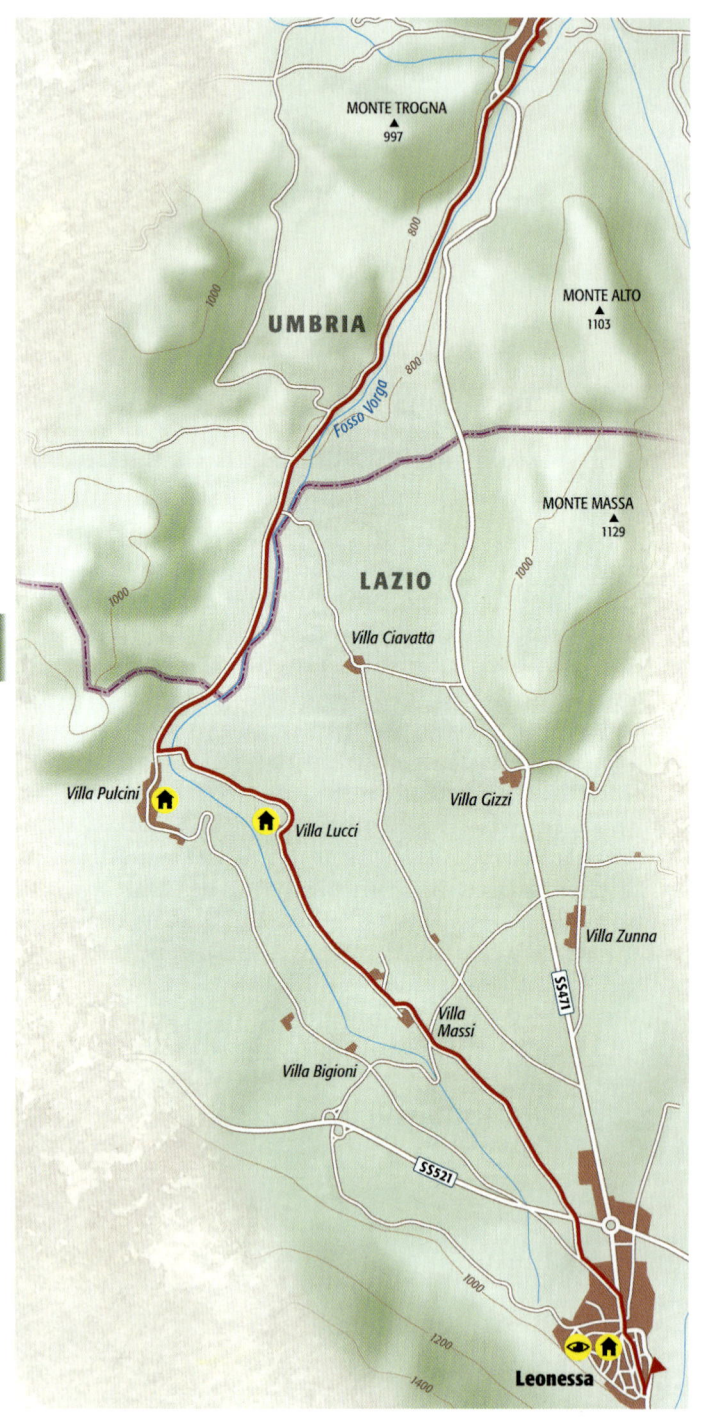

MONTE TROGNA
▲
997

MONTE ALTO
▲
1103

UMBRIA

Fosso Vorgo

MONTE MASSA
▲
1129

LAZIO

Villa Ciavatta

Villa Pulcini

Villa Lucci

Villa Gizzi

Villa Zunna

SS471

Villa Massi

Villa Bigioni

SS521

Leonessa

Die Kirche von Ruscio

kreuzt zweimal die in Serpentinen verlaufende Straße, führt dann durch niedriges Buschwerk und mündet schließlich in die *Leonessana*, die Regionalstraße, die wir überqueren, wobei wir den Schildern nach **Ruscio** folgen.

Wir gehen 200 m Richtung Ortsmitte bis zur Kirche, wo wir rechts in die Via della Grande Italia einbiegen. Ihr folgen wir weiter geradeaus über eine kleine Brücke bis zur Provinzstraße und durch eine Unterführung unter dieser hindurch. Schon bald erreichen wir die *Fonte dell'Asola*, einen schönen Brunnen mit einem steinernen Trog, wo der Pilger seinen Durst löschen und sich eine kleine Rast gönnen kann, um diesen kühlen Ort zu genießen. Von hier aus folgen wir der einzigen Straße – „della miniera" genannt, weil sie Ruscio mit einem Braunkohlebergwerk verband, das noch bis in die 40er-Jahre des vergangenen Jahrhunderts hinein in Betrieb war.

Der Schotterweg führt 5 km lang das Bachtal des Vorga hinauf, der in den Corno mündet; dabei passieren wir unmerklich die Grenze zwischen Umbrien und Latium, gehen nach einem rechts sichtbaren Schotterwerk bei einer Weggabelung auf einer kleineren Schotterstraße geradeaus weiter und erreichen schließlich **Villa Pulcini**. Es ist eine sehr schöne Strecke, die ganz eben durch eine schön gepflegte Agrarlandschaft verläuft – und man hat stets die Reatiner Berge vor sich.

Wenn wir nicht zunächst einen Abstecher ins Dorf machen, biegen wir unmittelbar vor dem Ortseingangsschild von Villa Pulcini ab und folgen der kleinen Asphaltstraße über einen Bach. Es geht hinauf zu einer kleinen Ansammlung von Häusern. Dort, wo sie bei **Villa Lucci** in eine größere Straße einmündet, halten wir uns rechts und gehen über nur scheinbar ebenes Gelände immer geradeaus. Wir lassen

Die Hochebene von Leonessa

Villa Alesse links liegen, durchqueren die winzige Siedlung **Villa Massi** und gehen schließlich durch die Unterführung unter der Provinzstraße hindurch; an der Einmündung halten wir uns links und stoßen endlich neben der entzückenden kleinen Kirche Santa Maria di Loreto auf die Staatsstraße. Wenn wir nun nach rechts gehen, betreten wir **Leonessa** durch die *Porta Spoletina*; von hier aus gehen wir den Corso San Giuseppe entlang bis zur Piazza 7 Aprile, dem pulsierenden Herzen der kleinen Stadt.

Variante für Radfahrer

Von Monteleone aus fährt man die asphaltierte Straße immer bergab bis zur Regionalstraße Leonessana; dort biegt man links und dann sofort wieder rechts ab in die Ortschaft Ruscio; ab hier ist der Verlauf des Fahrradwegs wieder mit dem des Fußwegs identisch.

Sehenswürdigkeiten

LEONESSA: Dieses Gebirgsstädtchen ist ein Kleinod am Rand einer weiten, 1000 m hoch gelegenen Ebene und wurde 1278 von Karl von Anjou gegründet, um die Nordgrenze seines neapolitanischen Königreichs zu beschützen. 1538 gab es Kaiser Karl V. seiner Tochter Margarethe von Parma als Hochzeitsgeschenk zum Lehen: In dieser Epoche erlebte Leonessa in kultureller, wirtschaftlicher und gesellschaftlicher Hinsicht seine beste Zeit, wozu auch die blühende Woll-

Piazza 7 Aprile in Leonessa

verarbeitungsindustrie und der Wollhandel entscheidend beitrugen. In der Mitte des Corso San Giuseppe stoßen wir zunächst auf die **Kirche Santa Maria del Popolo** aus dem 14. Jh. und dann auf die **Wallfahrtskirche San Giuseppe**, die im 17. und 18. Jh. über dem schon damals verfallenen Geburtshaus des hl. Josef von Leonessa errichtet wurde und in der seine Gebeine ihre letzte Ruhestätte gefunden haben. Die großartige **Piazza 7 Aprile**, der „große Platz", ist schon immer das Zentrum des gesellschaftlichen und politischen Lebens der Stadt gewesen. Hier kann man die *Fontana Margaritiana*, einen Brunnen aus dem 16. Jh., und die **Kirche San Pietro** bewundern, die aus zwei übereinander errichteten Kirchen besteht, eine wunderschöne Fassade aus rosafarbenem Stein und einen beeindruckenden gotischen Glockenturm besitzt.

Nicht versäumen sollte man auch die angrenzende **Stiftskirche**, von der aus man einen wunderbaren Panoramablick über das Tal genießt. Am alten Rathaus vorbei gelangt man sodann zur *Porta Aquilana* aus dem 3. Jh., welche die Jahrhunderte unbeschadet überdauert hat; von dort aus gelangen wir über die Via San Francesco schließlich zum Kloster und zur **Kirche San Francesco**, einem Wunderwerk der Architektur mit einer Unterkirche, die aus der Gründungszeit der Stadt stammt, und einer Oberkirche aus dem 15. Jh., die eine von abruzzesischen Meistern geschaffene monumentale Krippe aus mehrfarbiger Terrakotta aufzuweisen hat. Im Kreuzgang der Franziskuskirche befindet sich das Stadtmuseum mit Ausstellungsstücken zur Geschichte, Kunst und Volkskunde der Stadt.
Öffnungszeiten: freitags und samstags 9–12 Uhr und 15–18 Uhr, sonntags 9–13 Uhr. Im August täglich 9–12 Uhr.

■ Der heilige Josef von Leonessa

Eufranio Desideri wurde 1556 in Leonessa in eine wohlhabende Wollhändlerfamilie hineingeboren. Mit 13 Jahren verlor er beide Eltern und kam in die Obhut eines Onkels, der ihn zum Studium nach Viterbo brachte; nachdem er für kurze Zeit wieder nach Leonessa zurückgekehrt war, zog er 1571 gemeinsam mit seinem Onkel nach Spoleto, wo er ohne Wissen seiner Verwandten beschloss, in den Orden der Kapuziner einzutreten, den er kurz zuvor kennengelernt hatte. Nach seiner Priesterweihe 1580 rang er um eine Entscheidung zwischen aktivem und kontemplativem Leben: Er entschied sich für Ersteres, widmete sich den einfachsten Bevölkerungsschichten und predigte in Umbrien, Latium und in den Abruzzen.

1587 erhielt er die Erlaubnis, als Missionar nach Konstantinopel zu gehen, und bereitete sich durch das Studium der türkischen Sprache und osmanischen Kultur intensiv darauf vor. In der Türkei kümmerte er sich vor allem um die vielen eingekerkerten Christen, die er tröstete und ermunterte, dem Evangelium nicht abzuschwören. Nachdem er auf wundersame Weise einer Pestepidemie entgangen war, dehnte er seine Predigttätigkeit auch auf die Muslime aus und versuchte vor Sultan Murat III. zu gelangen, um bei ihm Religionsfreiheit für alle zu erwirken, die zum Christentum konvertieren oder zurückkehren wollten. Anstelle einer Antwort wurde er festgenommen und grausam mit Haken gefoltert. Drei Tage lang hing er an einem Balken über einem brennenden Feuer, bis ihn, so heißt es in den Akten seiner Heiligsprechung, ein Engel befreite, von seinen Wunden heilte und ihn aufforderte, heimzukehren und sein apostolisches Wirken dort fortzusetzen.

Nachdem er im Dezember 1589 nach Italien zurückgekehrt war, wurde er zunächst der Kathedrale San Rufino in Assisi zugewiesen, doch der Heilige zog es vor, weiter unter den Ausgegrenzten zu predigen. So begann seine unermüdliche Tätigkeit als Wanderprediger in Mittelitalien, wo er sechs bis acht Predigten täglich hielt und sich um die Armen, Verlassenen, die Hirten und die Bewohner der verstreuten Bergdörfer kümmerte. Ergänzt wurde seine unermüdliche Verkündigung durch Werke der Nächstenliebe wie die Gründung der *Monti Frumentari*, die den ärmsten Bauern das Saatgut zur Verfügung stellten, das sie zum Überleben brauchten. Er versöhnte Familien und ganze Dörfer, die im Streit miteinander lagen; er bekehrte, heilte und wirkte andere Wunder wie die Vermehrung der Brote und Bohnen in Otricoli und Borbona.

Am 4. Februar 1612 starb er nach langer Krankheit in Amatrice und wurde 1746 von Benedikt XIV. heiliggesprochen. Die Spuren, die der heilige Josef an seinen Wirkstätten hinterlassen hat, sind unzerstörbar, und noch heute tragen unzählige Bruderschaften seinen Namen. Das Grab des Heiligen befindet sich in Leonessa in der ihm zu Ehren über seinem Geburts- und Elternhaus erbauten Wallfahrtskirche. Sein Gedenktag ist der 4. Februar.

TAG 4
Von Leonessa nach Poggio Bustone   15,2 km
Schwierigkeit: ● ● ●   ↗ 610 m   ↘ 730 m

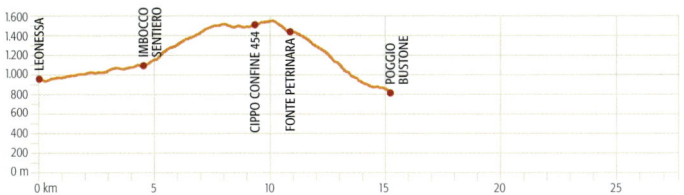

Informationen

Poggio Bustone: *Pro Loco,* prolocopoggiobustone@gmail.com, Tel. 339-5806639 (Monica)
Informationen zu den Wanderwegen des CAI bei Pino, Tel. 347-3390076, oder bei Marco,
Tel. 338-4874318
Den *Stempel* für den Pilgerpass erhalten Sie beim Kloster San Giacomo.

Unterkünfte

Poggio Bustone: *Wallfahrtsstätte San Giacomo,* für Gruppen und Einzelreisende, 38 Betten
im Gästehaus mit Bädern, Duschen und Küchennutzung. Eigene Bettwäsche erforderlich.
Rufen Sie vorher an, am besten während der Essenszeiten, und fragen Sie nach Bruder
Renzo, Tel. 0746-688916. Pilgerunterkunft.
Ostello della locanda francescana, Via Francescana 13 (im Dorf an der Hauptstraße),
Tel. 0746-688688 / 347-4150455 (Feliciano), info@locandafrancescana.com; 50 Betten
in Doppel-, Dreibett- und Mehrbettzimmern: BB 25 €, HP 45 €. Wäscheservice, Massagen.

Diese Etappe durch die Reatiner Berge ist die „gebirgigste"
Etappe des gesamten Weges. Sie verläuft zwischen 900 und
1500 m Höhe und besteht zu drei Vierteln aus kleinen Passwe-
gen. Von der *Vallonina* bis nach Poggio Bustone führt die Strecke ausschließlich durch Wald. Man muss die Wegbeschreibung
daher sehr genau lesen. Sollten Sie sich trotzdem verlaufen,
können Sie sich an den Grenzsteinen Nr. 450 bis 460 orientieren,
welche die alte Grenze zwischen dem Kirchenstaat und dem
Königreich beider Sizilien markierten und alle am Kamm liegen.
Unser Weg führt an den Grenzsteinen 454 und 457 vorbei.
Zwischen Leonessa und dem Ende der Passstrecke gibt es keine Brunnen; deshalb muss man genügend Wasser mitnehmen.
Auch der übrige Proviant sollte in Leonessa eingekauft werden.
Schließlich weise ich darauf hin, dass auf der gesamten
Wegstrecke kein Handynetz zur Verfügung steht. Man sollte
also früh aufbrechen, damit man nicht im Wald von der Dämme-
rung überrascht wird. Außerdem empfehle ich Trekkingschuhe.
Naturliebhaber kommen auf dieser Etappe freilich voll auf ihre
Kosten: Sie führt großenteils durch ausgedehnte Buchenwäl-
der, die im Herbst in leuchtendem Gelb erstrahlen. Stundenlang

UMBRIA

LAZIO

800

1200

1000

1400

600

SS521

800

Ceppáro

Le Casette

MONTE ROSATO
▲
1510

Rivodutri

1400

1200

1000

600

800

San Francesco

SC

Poggio Bustone

Piedicolle

Convento
di San Gia

Villa Capita

800

SS521

1115
LA FORCA

MONTE TILIA
▲
1776

Leonessa

1600

1400

1200

1600

SP10

MONTE CORNO
▲
1735

Ponte Diecimetri

61

V
A
L
L
O
N
I
N
A

1200

SP1

1200

Cippo 457

1600

Fonte
Petrinara

CIMA D'ARME
▲
1678

Cippo 454

1400

BARTOLOMEO

RADURA SAN

1600

FRANCESCO

1400

werden Sie nur das Rascheln der Blätter unter ihren eigenen Schritten hören. Wenn Sie die *Fonte Petrinara* erreicht haben, können Sie den langen Abstieg nach Poggio Bustone genießen, und hin und wieder gibt der Buchenwald den Blick auf das bemerkenswerte Panorama der *Valle Santa* frei.

Wegbeschreibung

Von der Piazza 7 Aprile gehen wir links (wenn man mit dem Gesicht zur Kirche San Pietro steht) die kleine Treppe hinunter und verlassen das Zentrum durch die *Porta Aquilana*. Wo die Pflasterung aufhört, biegen wir in eine Asphaltstraße ein, der wir 300 m abwärts folgen bis zur Brücke. Hier biegen wir erneut rechts ab und folgen den Schildern zum *Monte Terminillo*. 4,2 km lang gehen wir an der Provinzstraße entlang durch die herrlich grüne *Vallonina*, bis wir in eine kleine Forststraße einbiegen, die rechts bergauf führt (800 m davor zweigt schon einmal eine Forststraße ab, die wir jedoch nicht nehmen).

Die Schotterstraße steigt für 1,8 km allmählich an und führt durch einen großartigen Buchenwald. Am Ende des Waldes (1350 m ü. d. M.) gabelt sich der Schotterweg: Wir biegen nicht rechts ab, sondern gehen geradeaus weiter. Nach und nach wird aus der Schotterstraße ein schöner Feldweg, der uns, nachdem wir unterhalb des *Monte Macchialaveta* eine Lichtung überquert haben, erneut in einen Buchenwald führt. Nach rund 500 m aufwärts durch den Wald erreichen wir die *Prati di San Bartolomeo*, eine weite Lichtung auf 1470 m Höhe, in deren Mitte sich, gar nicht zu übersehen, Steinhaufen erheben: die Reste der alten Bartholomäuskapelle, auf denen eine einsame Esche wächst.

Wir gehen darauf zu in nordwestliche Richtung (so, dass die *Cima di Monte* auf unserer Linken und der Waldrand rechts von uns bleiben) und durchqueren das Tälchen der Länge nach. Nach 500 m erreichen wir wieder den Buchenwald und zwar bei den rot-weißen Markierungen des CAI-Weges Nr. 402. Diesen folgen wir 100 m aufwärts, dann 300 m leicht abwärts, bis wir die kleine Lichtung *Prati di S. Maria* erreichen, 1480 m Ü. d. M. Wir gehen links am Waldrand entlang weiter und folgen dem CAI-Weg Nr. 420 hinein in den Wald. Rund 500 m geht es am Kamm entlang, immer im Buchenwald, dann steigt der Weg plötzlich nach rechts an. Nach 150 m erreichen wir auf einer Lichtung (1510 m) den Grenzstein Nr. 454. Rechts hinter dem Grenzstein beginnt ein Pfad (der auf neueren Wanderkarten nicht mehr eingezeichnet ist; ältere führten ihn als CAI-Weg Nr. 402), der in etwa der 1500-m-Höhenlinie folgt. Er führt uns wieder in den

Über die Lichtung von San Bartolomeo

Wald und ist leider stellenweise in schlechtem Zustand, weil er als Reitweg verwendet wird. Es geht wieder eben dahin bis zu einer Lichtung auf 1540 m Höhe (Monti Versanello), in deren Mitte ein zweiter Grenzstein steht, die Nr. 457.

Aber Achtung: Wir betreten die Lichtung nicht (bzw. gehen wieder zurück, falls wir den Grenzstein anschauen wollen), sondern biegen dort, wo die Lichtung beginnt, links in den CAI-Weg Nr. 420 ein. Es führt abwärts und auch dieser Abschnitt ist leider von Pferdehufen arg aufgewühlt. Es geht zügig abwärts, und nach rund 700 m kommen wir auf einer Höhe von 1430 m ü. d. M. an eine schöne und große Lichtung, an deren unterem Ende sich die *Fonte Petrinara* befindet. Hier können wir unseren Durst löschen.

Wir folgen dem Weg, der beständig abwärtsführt. Wo sich der Wald lichtet, hat man einen herrlichen Blick auf den Lungo-See und den See von Ripasottile, auf die ganze *Valle Santa* und auf die Sabiner Berge. 1,1 km nach dem Brunnen kommen wir zu einem kleinen Pinienwald (1270 m ü. d. M.), wo wir nach links gehen; dabei folgen wir noch immer den CAI-Markierungen (geben Sie Acht, gerade hier an der Wegbiegung sind sie nicht besonders deutlich); dann geht es erneut abwärts in einen Buchenwald, bis unser Pfad nach 1,4 km in einen Fahrweg mündet. Wir gehen nach rechts und bleiben für 1,7 km auf dem Fahrweg, der uns – mit schöner Aussicht auf die *Valle Santa* – hinunterführt zum Kloster San Giacomo und dem Ort **Poggio Bustone**, unserem Etappenziel.

Variante für Radfahrer

Der Weg über den Berg ist mit dem Rad nicht machbar. Für die heutige Etappe müssen wir daher eine gänzlich andere Route einschlagen. Mit dem Rücken zur Porta Spoletina stehend biegen wir vor dem Hotel La Torre zunächst links und dann nach 300 m rechts ab; nach weiteren 80 m fahren wir vor dem Leo-Hotel nach links und folgen einer ruhigen kleinen Straße 1,5 km weit bis zu einer Gabelung, wo wir in das Sträßchen einbiegen, das nach links abzweigt (Durchfahrt für Kraftfahrzeuge verboten). Der Weg führt auf unterschiedlichen Belägen 4 km leicht bergauf, bis er kurz vor dem höchsten Punkt in die Staatsstraße 521 mündet. Hier fahren wir links und 13 km fast ständig bergab bis zur Abzweigung nach **Rivodutri**, *wo wir ein weiteres Mal links abbiegen. Wir fahren durch das Zentrum von Rivodutri und dann weiter 5 km bergauf bis nach* **Poggio Bustone**; *der letzte Anstieg bis zum Kloster San Giacomo ist ziemlich steil.*

Poggio Bustone, der Sacro Speco des hl. Franziskus

Poggio Bustone

Sehenswürdigkeiten

POGGIO BUSTONE: Die Berühmtheit dieses Ortes ist eng mit dem hl. Franziskus verbunden, der die Gegend hier besonders liebte. Es heißt, dass der Heilige die Bewohner, als er ihr Dorf 1209 zum ersten Mal betrat, mit den Worten *Buon giorno, buona gente* begrüßt haben soll: „Guten Morgen, gute Leute!" Zur Erinnerung an diese Begebenheit geht der Bürgermeister Jahr für Jahr am 4. Oktober, dem Franziskustag, in Begleitung eines Trommlers durch die Straßen des Dorfes und begrüßt seine Mitbürger mit ebendiesen Worten.

Die **Wallfahrtsstätte San Giacomo** liegt oberhalb des Dorfes am Rand eines herrlichen Waldes. Zu Franziskus' Zeiten gab es hier lediglich eine kleine Kirche und die Grotten, in denen die Brüder lebten; sie sind inzwischen in Kapellen umgewandelt worden und vom Wallfahrtsbezirk aus begehbar. Die Kirche stammt aus dem 14. Jh., daneben liegt das Kloster. Der kleine Kreuzgang ist mit Szenen aus dem Leben des Heiligen geschmückt. Ein Treppchen führt zu einer kleinen Höhle zwischen zwei Felsen, die der ersten Franziskanergemeinschaft als Gebetsraum gedient hat.

Vom Hauptplatz des Wallfahrtsbezirks aus gelangt man auf dem Pfad, den Franziskus vor 800 Jahren benutzt hat, zum *Sacro Speco*, der „Höhle der Offenbarung". Die Atmosphäre des Friedens, die man hier atmet, belohnt uns für die Mühe, die der Anstieg gekostet hat.

Poggio Bustone ist der Zielpunkt des **Franziskusweges „Di qui passò Francesco",** und gleichzeitig beginnt hier der Weg *Con le ali ai piedi.* Folglich kann man von hier aus entweder den erstgenannten Weg in entgegengesetzter Richtung nach Assisi zurücklegen oder auf dem zweiten zum Monte Sant'Angelo auf dem Gargano an der adriatischen Küste pilgern.

Rom, am 26. September 1840. Nach jahrhundertelangen Streitigkeiten legen die Regierung beider Sizilien und der Heilige Stuhl endlich verbindlich ihre Gebietsgrenzen fest. Bis zu diesem Zeitpunkt hatte der unsichere Grenzverlauf zwischen den beiden Staaten immer wieder zu unrechtmäßigen Gebietsaneignungen geführt. Räuberbanden und Schmuggler trieben im Grenzgebiet ihr Unwesen. Das nun unterzeichnete Abkommen sah vor, dass anstelle der bis dahin üblichen Holzpfähle, die verrotteten und außerdem auch versetzt werden konnten, 686 Steinsäulen aufgestellt werden sollten, die die gesamte Grenzlinie vom Tyrrhenischen bis zum Adriatischen Meer markierten.

Die Arbeiten begannen mit Verspätung, aber bis 1847 war es so weit, die Grenzsteine standen. Sie wurden nicht in regelmäßigen Abständen, sondern je nach Notwendigkeit aufgestellt. So positionierte man allein im Gebiet von Leonessa nicht weniger als 82 Grenzsteine (die Nummern 456 bis 538), was belegt, wie umstritten die Grenze in diesem Bereich war. Jeder Stein hat einen Durchmesser von 40 Zentimetern und wiegt 700 bis 800 Kilogramm; auf der Seite des Kirchenstaats sind die Schlüssel Petri und die Jahreszahl (1846 auf denen, die näher an der tyrrhenischen Küste liegen, 1847 auf den übrigen), auf der Seite des Königreichs beider Sizilien die Lilie des Hauses Bourbon und die fortlaufende Nummer eingemeißelt. Der Grenzstein Nummer 1 wurde an der Mündung des Flusses Canneto in der Nähe von Terracina aufgestellt; die Nummer 649 stand an der Mündung des Flusses Tronto bei Porto d'Ascoli. Unter jeder der kleinen Säulen wurde zudem eine Holzschachtel mit einer gusseisernen Medaille vergraben, dem sogenannten *Testimone*, „Zeugen". Diese trug auf der einen Seite die Siegel beider Staaten und auf der anderen folgende Inschrift:

Eines der Zeichen, die aufgestellt wurden, um die Grenzlinie zwischen dem Kirchenstaat und dem Königreich beider Sizilien zu kennzeichnen, die mit dem Vertrag von 1840 festgelegt worden ist.

Es ist eine Ironie der Geschichte, dass diese so heftig umstrittene Grenze gerade einmal 13 Jahre, nachdem der letzte Stein aufgestellt worden war, durch die Einigung Italiens von den Landkarten verschwinden sollte.

Informationen

Rieti: *APT,* Via Cintia 87, Tel. 0746-201146

Unterkünfte

Rieti: *Wallfahrtsstätte La Foresta,* Tel. 0746-200085. 6 Betten. Pilgerunterkunft, geführt von den Jugendlichen der Gemeinschaft *Mondo X.*
Suore Missionarie del Sacro Cuore di Gesù Madre Cabrini, Via S. Francesca Cabrini, Quattrostrade, Tel. 0746-200727, villacabrini@virgilio.it; 22 Zimmer mit Bad. BB 30 € im Einzelzimmer, im Doppel-, Dreibett- und Vierbettzimmer 25 €. Abendessen 12 €. Pilgerunterkunft, nicht weit von La Foresta entfernt. Folgen Sie der Beschreibung in der Variante für Radfahrer.
BB Casa Simonetti, Via Maraini 5, Tel. 0746-483396 / 340-0759816 (Domenico), info@casasimonetti.net; 6 Betten, BB 20 €.
BB La Terrazza Fiorita, Via Pellicceria 3 (in der Altstadt), Tel. 0746-296949 / 347-7279591 (Rita), rietidascoprire@vodafone.it, hier sind Sie an der richtigen Stelle, wenn Sie das unterirdische Rieti besichtigen möchten. 5 Betten, Küchenbenutzung, BB 25 €. Wenn man die Via Roma hinuntergeht, ist es das dritte Gässchen auf der linken Seite, gleich neben einer schmerzensreichen Muttergottes hinter Glas.
BB Camelia, Vicolo Sant'Anna 21 (Altstadt), Tel. 0746-481978 / 349-8467496 (Giuliana), giulianaconsumati@yahoo.it; 7 Zimmer mit Bad und Kühlschrank, Ü 25 € im Doppel-, 30 € im Einzelzimmer. Gehen Sie das Treppchen neben der Kathedrale Santa Maria Assunta hinab; unten gehen Sie rechts und dann gleich wieder links ein paar Stufen hinunter.
BB La bifora del Medioevo, Via Sant'Agnese 40 (Altstadt), Tel. 333-2944771 (Paola) / 0746-200288, labiforadelmedioevo@gmail.com; 1 Einzimmerapartment mit drei Schlafplätzen: BB 45 € für 1 Person, 60 € für 2, 81 € für 3 Personen. Gehen Sie rechts an der Piazza Oberdan vorbei, biegen dann gleich nach dem Bogen links in die kleine Straße ein und gehen Sie sie bis zum Ende; überqueren Sie die kreuzende Straße und folgen auf der gegenüberliegenden Seite der Via Sant'Agnese; Haus Nr. 40 liegt nach 50 m auf der rechten Seite.

67

Die heutige Etappe ist sehr erholsam: Sie führt sanft bergab von den Hängen der Reatiner Berge hinunter in die Ebene von Rieti und deckt sich mit einem Abschnitt des Franziskuswegs, den die APT, also das Fremdenverkehrsamt von Rieti, mit Pfeilen markiert hat.

Wegbeschreibung

Vom Kloster San Giacomo aus gehen wir über das steil abwärtsführende Sträßchen links nach Poggio Bustone hinunter und gelangen auf einen kleinen Platz. Hier folgen wir den Hinweisschildern der APT nach La Foresta und biegen links in eine ebenfalls bergab verlaufende Gasse ein. Wir gehen einige Stufen hinunter (Radfahrer sollten absteigen und das Fahrrad ein kurzes Stück tragen) und weiter bis ans untere Ende des Dorfs, wo aus der kleinen Gasse ein bequemer Schotterpfad, später ein Schotterweg wird. 200 m später kommen wir an eine Abzweigung und folgen der Beschilderung des APT nach links auf einen wunderschönen Pfad, der durch einen Wald mit eher niedrigen Bäumen und Sträuchern führt. Zuweilen erhascht man einen Blick auf das Panorama der *Valle Santa*. Wir gehen weiter, kommen auf eine andere Forststraße, folgen dieser links 100 m aufwärts und zweigen dann rechts auf einen Steig ab, der bald wieder in eine Schotterstraße mündet. Auf dieser kurz rechts abwärts, bis wir auf eine kleine Gemeindestraße stoßen, der wir nun eben 1,3 km lang folgen, bis wir **San Liberato** erreichen. Am Ortsende, wo die asphaltierte Straße an einem Brunnen eine scharfe Rechtskurve beschreibt, nehmen wir einen Pfad, der uns in 1,7 km nach **Cantalice** hinaufführt.

Es zahlt sich aus, von der *Piazzetta* im Unterdorf Cantalice Inferiore über eine kleine Treppe in das malerische Oberdorf Cantalice Superiore hinaufzugehen, dessen Häuser, allen Gesetzen der Schwerkraft zum Trotz, förmlich am Berg zu kleben scheinen. Vom Kirchenvorplatz aus gehen wir weiter durch die Via Castello, die bei einer Kirche einen Rechtsknick macht und noch 200 m weiterführt. Dann biegen wir links in die Via San Gregorio ein, die sanft bergauf führt. Dieser Panoramastraße folgen wir für 2,6 km, zunächst in leichtem Auf und Ab, nach einer Weggabelung (geradeaus!) spürbar bergab zur Wallfahrtskirche **San Felice all'Acqua**. Das malerische Kirchlein hat man im 17. Jh. dort erbaut, wo der Überlieferung nach die hl. Felix von Cantalice eine wundertätige Quelle hat entspringen lassen; noch heute sprudelt im Kreuzgang ein Brunnen mit sehr wohlschmeckendem Wasser.

Wir gehen links das Asphaltsträßchen weiter abwärts, bei der nächsten Weggabelung links an Leitplanken entlang auf einer Schotterstraße weiter, die bald steil hinunterführt (Radfahrer aufgepasst!), bis sie nach 1,3 km in die Via dell'Acquamartina einmündet. Hier geht es links leicht bergauf; nach 200 m überqueren wir rechter Hand eine kleine Brücke und gehen danach sofort wieder rechts in die Via La Foresta, die uns zunächst zu einem üppig sprudelnden Brunnen mit kühlem Wasser führt und dann zu einem Treppenauf-

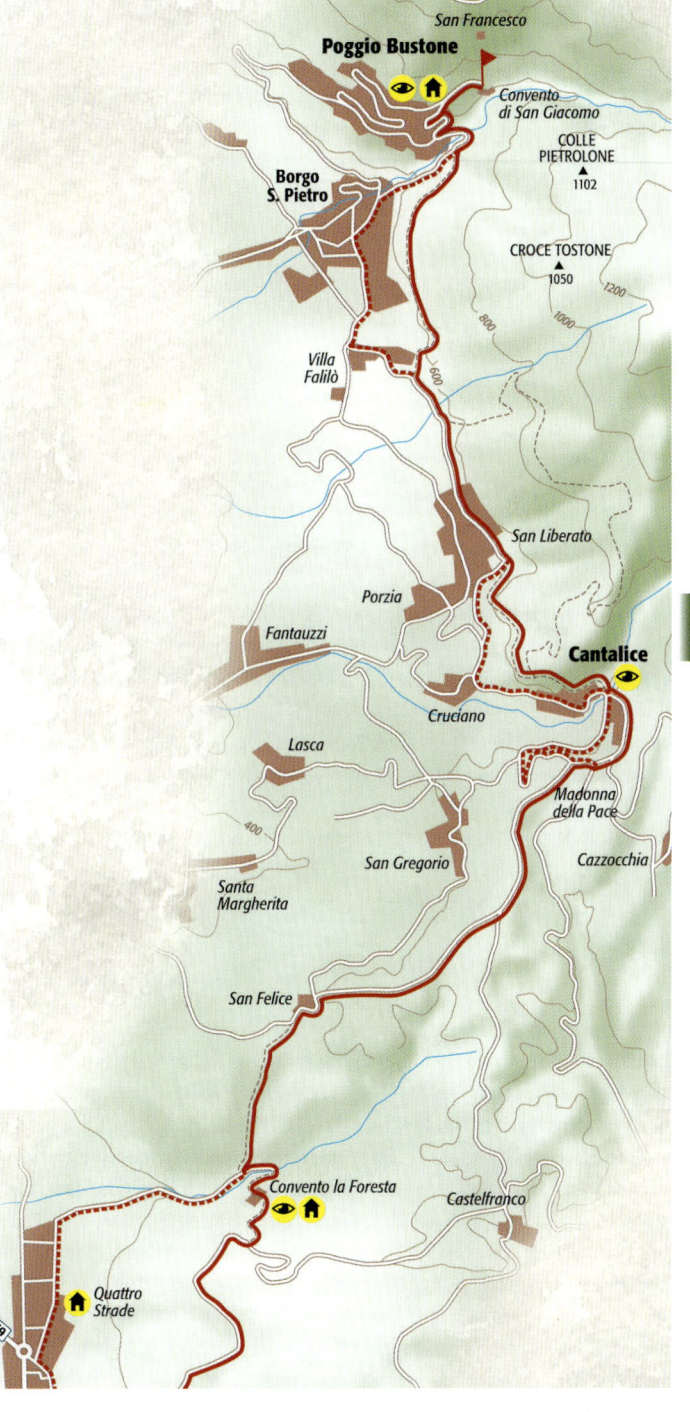

San Francesco

Poggio Bustone

Convento di San Giacomo

COLLE PIETROLONE
▲ 1102

Borgo S. Pietro

CROCE TOSTONE
▲ 1050

Villa Falilò

San Liberato

Porzia

Fantauzzi

Cantalice

Cruciano

Lasca

Madonna della Pace

Santa Margherita

San Gregorio

Cazzocchia

San Felice

Convento la Foresta

Castelfranco

Quattro Strade

gang, der zum Wallfahrtsort **La Foresta** hinaufführt, der wirklich einen Besuch wert ist.

Um nach **Rieti** zu gelangen, gehen wir von der Einsiedelei in einem Rechtsbogen um das Freigelände herum aufwärts und dann auf der Hauptstraße für 2,6 km abwärts, bis wir einen großen Kreisverkehr erreichen. Wir gehen geradeaus, der vielbefahrenen Straße entlang, um nach 600 m rechts in die kleine Via Ricci einzubiegen. Nach 700 m kreuzen wir eine Bahnlinie und münden in die Allee, die an der Stadtmauer entlangführt. Es geht rechts weiter, nach 300 m sind wir auf der Piazza Mazzini, die am Bahnhof liegt und gehen von hieraus in die Altstadt.

Variante für Radfahrer

*Nachdem wir auf demselben Weg wie die Fußpilger am unteren Ende von Poggio Bustone angekommen sind, biegen wir nicht in den Pfad auf der linken Seite ein, sondern folgen weiter geradeaus der bergab führenden Schotterstraße, bis wir in der Ortschaft **Borgo San Pietro** die asphaltierte Straße erreichen; hier biegen wir links ab und folgen den Schildern nach Rieti 1 km weit immer bergab über die Provinzstraße, bis wir auf eine kleine Straße stoßen, die links bergauf führt (Hinweisschilder nach Querce Santa Maria). Das Sträßchen wird praktisch sofort zur Schotterstraße und führt 600 m aufwärts durch einen Wald; dann kreuzt sie die kleine Gemeindestraße nach San Liberato, der wir, genau wie die Fußpilger, 1 km lang folgen. In **San Liberato** bleiben wir auf der Straße, erreichen nach 2 km*

Wallfahrtsort La Foresta

zunächst **Cantalice** Inferiore und stoßen dann nach weiteren 1,5 km auf die rechts abzweigende Via San Gregorio. Von hier aus folgen wir bis **La Foresta** dem Fußpilgerweg; der letzte Abschnitt ist steinig und abschüssig und erfordert auch wegen der Schlaglöcher besondere Vorsicht: Es ist sicherer, abzusteigen und das Fahrrad zu schieben. Vor dem Besuch der Wallfahrtsstätte von La Foresta lassen wir das Fahrrad am Brunnen zu Beginn des Fußpfads stehen und gehen zu Fuß weiter. Zur Weiterfahrt nach Rieti kehren wir auf die Via dell'Acquamartina zurück und fahren sie ganz hinab, bis wir auf die Via Torretta stoßen. Hier biegen wir links ein, fahren dann nach 150 m gleich wieder links in die Via Lama und fahren sie bis zum Ende; auf der Hälfte des Weges steht auf einem kleinen Hügel die Casa Madre Cabrini. Zum Stadtzentrum von **Rieti** biegen wir am Ende der Via Lama links in die stark befahrene Via Ricci ein, der wir 1,5 km weit bis zum Kreisverkehr folgen; ab jetzt sind Rad- und Fußpilgerweg wieder identisch.

Abstecher nach Fonte Colombo und nach Greccio: Wer noch etwas Zeit übrig hat und vielleicht zwei Nächte in Rieti bleiben will, dem empfehle ich den Besuch der beiden franziskanischen Stätten Fonte Colombo und Greccio. Um dorthin zu gelangen, muss man lediglich die vorletzte Etappe des Franziskuswegs (von Greccio nach Rieti) in umgekehrter Richtung gehen. Von Greccio aus kann man die 3 km zum Bahnhof hinablaufen und dort einen der häufig verkehrenden Züge nach Rieti nehmen.

Sehenswürdigkeiten

VALLE SANTA: Die Ebene von Rieti war Schauplatz wichtiger Begebenheiten im Leben des hl. Franziskus und wird deshalb die *Valle Santa*, das heilige Tal, genannt. Die weite Hochebene war früher einmal von einem großen See bedeckt, an den heute nur noch zwei kleinere Seen, der *Lago Lungo* und der *Lago di Ripasottile*, erinnern. 290 v. Chr. legten die Römer das Gebiet trocken, indem sie das Wasser des Velino in den Fluss Nera ableiteten, wodurch die *Cascata delle Marmore* entstand.

CANTALICE: Eine malerische Ansammlung von Häusern, die förmlich am Berg zu kleben scheinen. Das Oberdorf, Cantalice Superiore, überrascht durch die Kühnheit, mit der es auf den Fels gebaut ist. Dank seiner Lage und der Befestigungen konnte es den Angriffen der Sarazenen wie auch des benachbarten Rieti widerstehen. An diesem bezaubernden Ort ist auch der hl. Felix von Cantalice, der erste Heilige des Kapuzinerordens, geboren. Jedes Jahr am 18. Mai organisiert die Bruderschaft, die sich auch um die Wallfahrtstätte kümmert, zu seinen Ehren ein Fest.

LA FORESTA: Eingebettet in das Tal des Gießbachs Acqua Martina und umgeben von Eichen- und Kastanienwäldern ähnelt die Wallfahrtsstätte La Foresta einem großen Landhaus. Zu Franziskus' Zeiten war sie das Wohnhaus eines armen Priesters, der das Kirchlein San Fabiano betreute; hierher zog sich der Heilige vor seiner Augenoperation zurück. Man kann heute noch die Zelle besichtigen, in der Franziskus damals gelebt hat, und die Grotte, in der er immer betete. Die Wallfahrtsstätte ist in einem tadellosen Zustand: Sie wird von den Jugendlichen der Drogenhilfe *Mondo X* betreut, die alle Besucher überaus freundlich willkommen heißen.

RIETI: Am Zusammenfluss des Salto, des Velino und des Turano und am südlichen Ende der *Valle Santa* gelegen, gehört alles, was wir über die Anfänge dieser Stadt wissen, in den Bereich der Legende. Im 3. Jh. v. Chr. wird das Gebiet hier römisch; das Christentum konnte rasch Fuß fassen, und schon im 5. Jh. n. Chr. war Rieti Bischofssitz. Im Mittelalter hielt es zu den Guelfen und diente sechs Päpsten als Residenzstadt.
Das wichtigste Baudenkmal ist der Komplex der Kathedrale samt Krypta und Bischofspalais. Die **Kathedrale Santa Maria Assunta** stammt trotz ihrer barocken Innenausstattung aus dem Jahr 1109, und in der faszinierenden Krypta aus dem 12. Jh. soll der hl. Franziskus gebetet haben. Die Altstadt hat zahlreiche Renaissancepa-

Cantalice

läste vorzuweisen; die mächtigen und gut erhaltenen Stadtmauern stammen aus der Mitte des 13. Jhs. Unter den vielen Sakralbauten verdienen die monumentale **Kirche Sant'Agostino** aus dem 13. Jh. und **San Francesco** aus derselben Epoche Erwähnung, deren Apsis mit Szenen aus dem Leben des hl. Franziskus ausgeschmückt ist.

Seit einiger Zeit kann man außerdem an geführten Touren durch *Rieti Sotterranea*, das „unterirdische Rieti", teilnehmen: eine Welt aus Gewölben, Architraven und römischen Gassen, die sich unterhalb der heutigen Via Roma erstrecken und von der Bedeutung der *Salaria*, der antiken römischen Salzstraße zeugen. *Besichtigungen buchen Sie bei Rita vom BB La Terrazza Fiorita*.

■ Der heilige Franz von Assisi

Das Leben des *Poverello* von Assisi ist so bekannt und ereignisreich, dass ich mich hier auf einige wenige Hinweise beschränken kann.

Franziskus wurde um das Jahr 1182 als Sohn eines reichen Tuchhändlers in Assisi geboren. Als Jugendlicher führte er ein sorgloses und mondänes Leben; er nahm am Krieg zwischen Assisi und Perugia teil und geriet für über ein Jahr in Gefangenschaft; während dieser Zeit erkrankte er schwer. 1205 hatte er ein Schlüsselerlebnis: Während er in der Kirche San Damiano betete, sprach der Gekreuzigte zu ihm; er sagte: „Franziskus, geh und baue mein Haus wieder auf, das, wie du siehst, ganz und gar in Verfall gerät." Die ersten Jahre nach seiner Bekehrung verbrachte er mit Gebet, Dienst an den Leprakranken und körperlicher Arbeit; außerdem bettelte er um Almosen. Nach und nach folgten ihm immer mehr Menschen nach. 1209 wurde sein Orden von Papst Innozenz III. anerkannt. 1212 nahm auch Klara von Assisi das Ordenskleid und gründete so den zweiten franziskanischen Orden: die Klarissen. 1219 reiste Franziskus ins Heilige Land, wo er dem Sultan begegnete, ihn aber nicht bekehren konnte. Bei seiner Rückkehr im darauffolgenden Jahr fand er die Brüder uneins; daraufhin verzichtete er auf die Leitung des Ordens, um sich dem für Laien vorgesehenen Drittorden der Franziskaner zu widmen. Im September 1224 empfing er auf dem *Monte della Verna* nach einer 40-tägigen Zeit des freudig ertragenen Fastens und Leidens die Wundmale Christi.

Auch nach seiner Rückkehr nach Assisi blieb sein Körper vom Leiden gezeichnet; außerdem war Franziskus fast völlig erblindet, ohne dass dies jedoch seine Liebe zu Gott und zur Schöpfung – die er im Sonnengesang auf anrührende Weise zum Ausdruck gebracht hat – beeinträchtigen konnte. Franziskus starb am Abend des 3. Oktober 1226 in seiner geliebten Portiuncula-Kapelle und wurde zwei Jahre später heiliggesprochen.

Der heilige Franziskus und die *Valle Santa*

In der *Valle Santa*, die Franziskus sehr geliebt hat, haben sich einige wichtige Begebenheiten seines Lebens zugetragen wie die endgültige Abfassung der franziskanischen Regel oder die Errichtung der ersten Weihnachtskrippe in Greccio. Wenn Assisi die Wiege des Franziskanerordens war, dann steht die *Valle Santa* für seine Entwicklung und Reife. In Poggio Bustone begegnen wir einem noch nicht dreißigjährigen Franziskus, der sich um seine Zukunft und die seiner wenigen Brüder sorgt; und in San Fabiano (La Foresta) steht er am Ende seines Lebens und ist von einer so großen Schar von Anhängern umgeben, dass ihre Präsenz zunehmend problematisch wird. Damit ist der Weg von Poggio Bustone nach La Foresta eine Art Zeitreise, die uns – freilich aufs Knappste zusammengefasst – das irdische Wirken des *Poverello* von Assisi nachvollziehen lässt.

Informationen

Rocca Sinibalda: *Pro Loco,* Tel. 333-3222856 (Maria Rita)
Amico del Cammino: Daniele, Tel. 377-9426317

Unterkünfte

Turano-Tal: 11 km nach Rieti und 7 km vor Rocca Sinibalda befinden sich an der Via Turanense die Hinweisschilder zu zwei *Agriturismi:* Wenn Sie rechts in die Schotterstraße einbiegen und eine kleine Brücke überqueren, sehen Sie rechts *La Valle delle Stelle;* wenn Sie dem Weg noch weitere 1,5 km folgen, geht es links auf eine schöne Anhöhe zu *Le Belle Rane.*
Agriturismo La Valle delle Stelle, Tel. 0765-77349 / 348-8856442 (Carlo). 25 Betten in Doppel-, Dreibett- und Vierbettzimmern, mit Gastronomie. BB 50 € im Doppelzimmer; Abendessen 20 €. Kündigen Sie Ihre Ankunft ein bis zwei Tage vorher an.
Agriturismo Le Belle Rane, Tel. 0765-77207 / 335-6616705 (Marcantonio); 7 Doppel-, einige Dreibettzimmer und 1 Apartment mit Küchenbenutzung. Sonderpreise für Pilger mit Pilgerpass: BB 50 € im Doppelzimmer, 40 € im Einzelzimmer; Abendessen 20 €. Schwimmbad, türkisches Bad, Zeltplatz (Preis nach Vereinbarung). Schlafsaal für Gruppen mit Isomatten und Schlafsack. Mitten in der Natur, familiäre Atmosphäre, gediegene Küche.

Rocca Sinibalda: *Casa famiglia Clementi,* Piazza Plebiscito 16 (Ortsmitte); Tel. 340-5480070 (Sonia), 328-3027647 (Fabio), fabioamici@katamail.com; zwei Mini-Apartments mit 6 und 9 Betten und Küche, Ü 25 € pro Person, in der kalten Jahreszeit Heizzuschlag. Fragen Sie in der Metzgerei auf der *Piazza.* Geben Sie ein bis zwei Tage vor Ihrer Ankunft Bescheid.
La Locanda del Convento, Via Degli Archi 1 (in der Altstadt), Tel. 0765-709038 / 338-4129237 (Alessandra); 20 Betten, große Zimmer mit Bad. BB 40 € pro Person, HP 50 €. Gehen Sie die Straße, auf der Sie das Dorf betreten haben, bis zum Ende und unter einem Bogen hindurch. Geben Sie einen Tag vor Ihrer Ankunft Bescheid. Sehr gepflegte Unterbringung, höfliche und hilfsbereite Gastgeber.

Diese sehr leichte Etappe verläuft bis auf die letzten tausend Meter hinauf nach Rocca Sinibalda völlig eben. Von Rieti aus geht es durch die herrlich grüne Agrarlandschaft des Turano-Tals.
Unser Etappenziel ist ein entzückendes Dörfchen oberhalb des Tals, von wo aus man einen herrlichen Blick auf die Umgebung genießt.
Vor allem im ersten Teil der Strecke muss man sich um die Wasserversorgung keinerlei Gedanken machen.

Der Fluss Velino in Rieti

Wegbeschreibung

Wir gehen von der Piazza Vittorio Emanuele bis zum *Palazzo Comunale* und dort rechts die Via Roma hinunter bis zum *Ponte Romano*, der Brücke, die uns über den Velino führt. Auf der anderen Seite biegen wir links ab und überqueren die Piazza Cavour. Nach der Ampel beim Denkmal für die Bombenopfer gehen wir nach rechts und durchqueren das malerische Stadtviertel Borgo, bis wir an einen Brunnen kommen. Dort können wir unsere Wasserflaschen auffüllen und gehen dann geradeaus in die Via Fonte Cottorella. Es geht unter der Schnellstraße hindurch bis zum Thermalbad und weitere 200 m geradeaus, bis wir beim Straßenschild „50 km/h" in einen Schotterweg einbiegen, der rechts abwärtsführt. Wir queren den Fluss Turano auf einer hölzernen Fußgängerbrücke und kommen zur Staatsstraße *Via Salaria*. Hier halten wir uns links und nehmen für 2 km den schattigen Wanderweg parallel zur Straße. An seinem Ende folgen wir links einem Feldweg, der nach 200 m in ein Asphaltsträßchen mündet. Hier gehen wir nach links und überqueren eine kleine Brücke. Es geht an einem Golfplatz vorbei und nach 150 m biegen wir links in die kleine Strada Ramiato ein, die nach weiteren 150 m ein schattiger Schotterweg wird.

Auf diesem Weg geht es nun gut 4 km am Furano entlang flach dahin, bis wir ein betoniertes Aquädukt erreichen. (Es handelt sich um das Peschiera-Aquädukt, dem größten Trinkwasserzufluss für Rom). Zur Zeit (Frühjahr 2014) ist es leider noch nicht möglich, an dieser

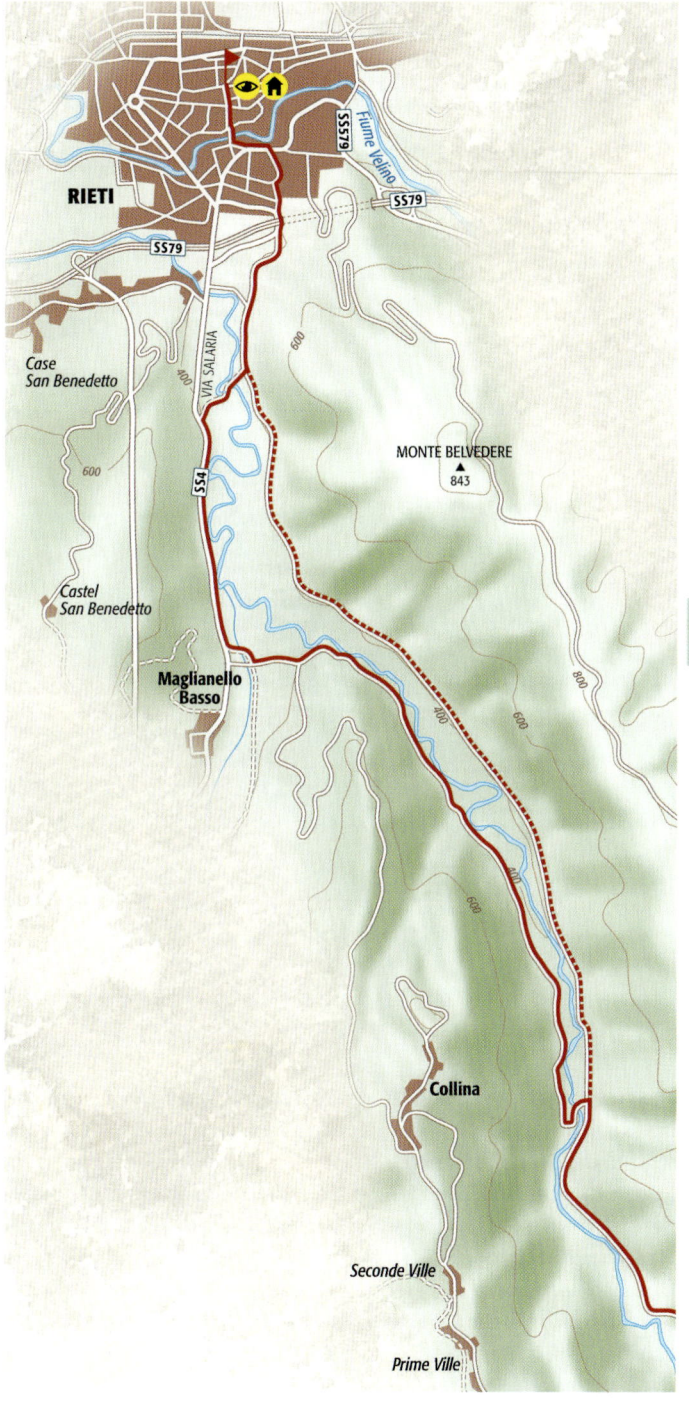

RIETI

Fiume Velino

SS79

SS79

SS79

Case
San Benedetto

VIA SALARIA

SS4

Castel
San Benedetto

Maglianello
Basso

MONTE BELVEDERE
▲
843

Collina

Seconde Ville

Prime Ville

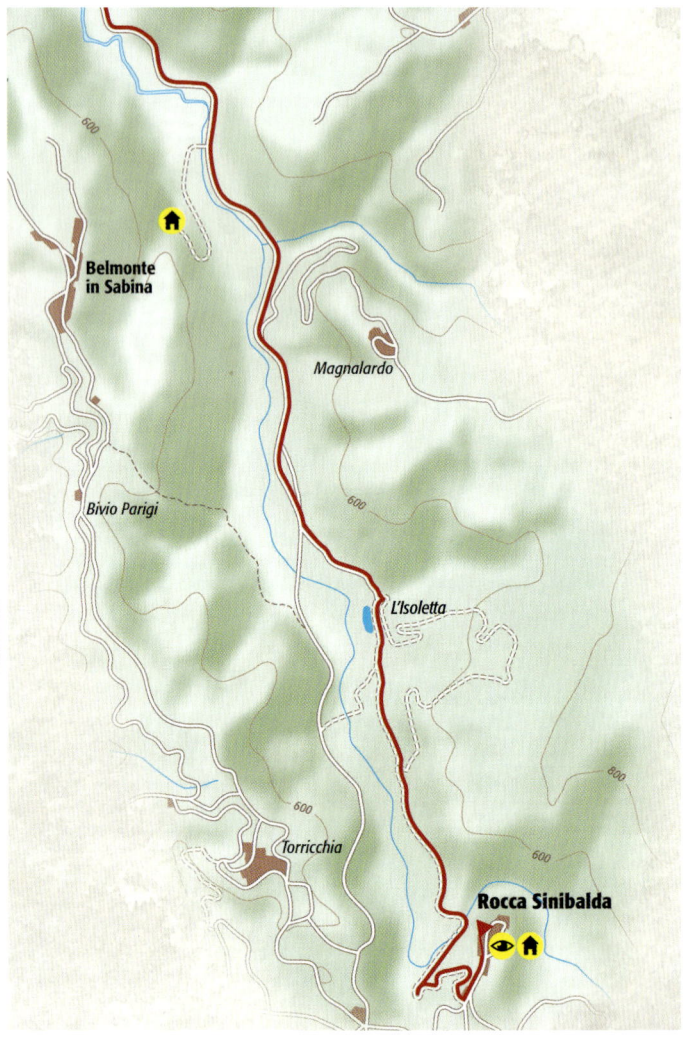

Stelle weiter dem Lauf des Turano zu folgen, vielmehr müssen wir hier nach links für 200 m dem Aquädukt entlang bis zu einem Haus mit Hunden. Bitte verhalten Sie sich ruhig, dann werden es auch die Hunde tun, und schließen Sie die Gatter. Wir erreichen die Landstraße und biegen hier nach rechts. Nach 3 km kommen wir zu den Hinweisschildern der beiden Agriturismo-Betriebe, die sich für die Übernachtung anbieten. Wer den Weg fortsetzt, nimmt nach weiteren 2,5 km links ein Sträßchen, das zu einem See führt (Hinweisschilder für Sportangler und zum *Agriturismo L'Isoletta*). Wir folgen für 3 km einem sehr angenehmen flachen Schotterweg am Fluss

Im Turano-Tal

entlang; hinter einer kleinen Brücke steigt das Sträßchen – stellenweise ordentlich – an und nach ca. 1,5 km erreichen wir das Dorf **Rocca Sinibalda**.

Variante für Radfahrer

Fahren Sie vor den Thermen von Fonte Cottorella 11,9 km weiter auf der Strada Turanense bis zur Abzweigung nach L'Isoletta; von hier an sind Rad- und Fußpilgerweg wieder deckungsgleich.

Sehenswürdigkeiten

TURANO-TAL: Der Turano ist nach dem Velino der wichtigste Fluss im Sabinerland. Schon die Römer wussten um seine hydrogeologische Bedeutung und errichteten am Zusammenfluss von Velino und Turano einen Neptuntempel. Das ursprüngliche Tal wurde zerstört, als man in den 30er-Jahren des letzten Jahrhunderts hier einen Stausee anlegte. Seither wird die Ebene von Rieti zwar nach starken Regenfällen nicht mehr wie früher von furchtbaren Überschwemmungen heimgesucht; dennoch hat der Bau des Staudamms das Ökosystem erheblich verändert.

ROCCA SINIBALDA: Dieses entzückende, oberhalb des Turano-Tals gelegene Dörfchen wird von einem beeindruckenden Kastell beherrscht, das auf das Jahr 1084 zurückgeht und mehrmals umge-

Rocca Sinibalda

baut wurde. Zwischen 1200 und 1500 war es Eigentum der Familie Mareri, und hier wurde auch Filippa Mareri, die erste franziskanische Heilige, geboren, die später ins Salto-Tal umzog, wo sich die wichtigsten Begebenheiten ihres Lebens abspielten.

Die Form des Kastells erinnert an die Silhouette eines Adlers mit ausgebreiteten Flügeln: Den „Schnabel" bildet der zum Haupteingang gelegene Turm, den „Schwanz" der Turm auf der entgegengesetzten Seite.

Auf dem Weg nach Rocca Sinibalda

■ Die benediktinischen Kongregationen

Zwischen 529, dem Gründungsjahr von Montecassino, und der heutigen Zeit ist das benediktinische Mönchtum oft reformiert worden, um den Anforderungen der jeweiligen Epoche zu genügen. Das führte dazu, dass sich die Klöster, die sich ein und derselben Reformbewegung zuordneten, zu Kongregationen zusammenschlossen, die sich zwar allesamt auf die Regel des heiligen Benedikt berufen, sie aber auf je eigene Weise leben. Papst Leo XIII. (1878–1903) sorgte dafür, dass die verschiedenen Kongregationen eine Konföderation bildeten: den Orden des hl. Benedikt (OSB); er umfasst alle Kongregationen und autonomen Klöster, die auf der ganzen Welt verstreut das benediktinische Ideal im Geist ihres Gründers und im Einklang mit der von ihm verfassten Regel pflegen.

Im Folgenden werden die wichtigsten italienischen Benediktinerkongregationen vorgestellt.

Cassinensische Kongregation

Sie ist aus der Reform hervorgegangen, die Abt Ludovico Barbo 1408 in der Abtei Santa Giustina in Padua durchführte. Sie sah vor, dass der Abt nicht mehr auf Lebenszeit gewählt wurde, sondern lediglich ein Jahr im Amt blieb. Ferner legte sie fest, dass die Klöster zwecks wechselseitiger Stärkung und Kontrolle eine Kongregation bildeten, ohne dass ein Kloster den anderen übergeordnet sein sollte. Die Abtei von Montecassino schloss sich 1504 dieser Kongregation an und gab ihr von da an den Namen. Das Gewand der Cassinenser ist schwarz.

Sublazenser

Sie entstanden 1872, als einige Klöster, die zur cassinensischen Kongregation gehörten, aufgrund einer abweichenden Observanz und ihrer stärker missionarischen Ausprägung eine autonome Kongregation bildeten. Sie sind international verbreitet, genau auf die Einhaltung der Regel bedacht und apostolisch und sozial engagiert. Auch ihr Gewand ist schwarz.

Olivetaner

Ihr Name geht zurück auf die Abtei von Monte Oliveto Maggiore, die 1319 vom hl. Bernardo Tolomei, einem Sieneser Adligen, gegründet wurde, der sich mit einigen Gefährten als Eremit in das Hügelland südlich von Siena zurückgezogen hatte. Die Olivetaner wurden 1344 von Papst Clemens VI. approbiert und breiteten sich rasch aus: Im 15. Jh. hatte die Kongregation, die sich um die Pflege der Liturgie bemühte und eine Schule von Kalligraphen und Miniaturmalern begründete, so großen Zulauf, dass ihr rund hundert Klöster und etwa tausend Mönche angehörten. Sie zeichnen sich durch strenge Regelobservanz und eine besondere Verehrung der Gottesmutter aus, der sie auch ihre erste Kirche weihten. Ein weiterer Schwerpunkt liegt auf Kunst und Kultur. Ihr Habit ist weiß.

Kongregation von Vallombrosa

Sie wurde 1039 vom hl. Giovanni Gualberti gegründet und ist nach der Abtei von Vallombrosa benannt, die in den Wäldern von Pratomagno in der Provinz Florenz liegt. Im Mittelalter kämpften sie entschlossen gegen die Vetternwirtschaft und Verweltlichung der Kirche und stellten die strikte Observanz der benediktinischen Regel wieder her, deren Strenge und Nüchternheit sie hervorheben. Zu ihren Anliegen gehört auch der Umweltschutz und sie engagieren sich insbesondere für den Erhalt des Waldes von Vallombrosa. Ihr Ordenskleid ist schwarz.

Kamaldulenser

Der hl. Romuald, Abt von Sant'Apollinare in Classe in Ravenna, unermüdlicher Reisender und Gründer zahlreicher Klöster, wählte zwischen 1023 und 1027 den Wald von Camaldoli im Casentino (im gebirgigen Osten der Toskana), um dort eine Einsiedelei und ein Hospiz zu errichten, das Ende das Jahrhunderts in ein Kloster umgewandelt wurde, um Gäste aufzunehmen, „damit die oberhalb gelegene Einsiedelei immer verborgen und dem Lärmen der Welt entzogen bleibe". Auf diese Weise entstand ein *Unicum* im abendländischen Mönchtum: die Verschmelzung zweier monastischer Lebensweisen – der zönobitischen und der eremitischen – und zweier Spiritualitäten, die das Wappen der Kamaldulenser treffend veranschaulicht: Es zeigt zwei Tauben, die aus ein und demselben Kelch trinken. Die Mönche verbringen einen Teil ihres Tages wie Eremiten zurückgezogen in ihren Zellen und den anderen Teil miteinander in den Gemeinschaftsräumen. Die Kamaldulenser waren schon immer große Mystiker und Theologen; außerdem wird die Gastfreundschaft bei ihnen großgeschrieben, und ihr Terminkalender ist dicht gefüllt mit Bildungsveranstaltungen. Sie legen großen Wert auf die Ökumene und organisieren jährliche interreligiöse Dialogveranstaltungen. Ihr Habit ist weiß.

Silvestriner

1231 vom hl. Silvestro Guzzolini in San Benedetto di Monte Fano in der Nähe von Fabriano (Region Marken) gegründet, wurden die Silvestriner 1247 von Papst Innozenz IV. approbiert. Sie sind vor allem in den Marken und in Umbrien vertreten, pflegen die Weltabgeschiedenheit und innere Suche, sind aber auch in der Mission und in Pfarreien aktiv. Ihr Ordensgewand ist dunkelblau.

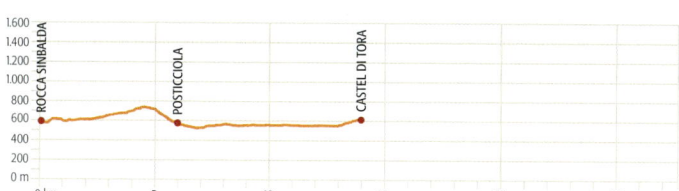

Informationen

Castel di Tora: *Gemeindeamt,* Tel. 0765-716313

Naturschutzgebiet Monte Navegna und Monte Cervia, Tel. 366-6212386

Amico del Cammino: Fabio, Tel. 331-7178581, bietet Pilgern (mit Pigerpass) gegen eine Spende eine Bootsfahrt auf dem Turanosee. 1–2 Tage vorher anrufen, Start bei der Bar *L'Angoletto* an der Brücke.

Unterkünfte

POSTICCIOLA: *BB Posticciola,* c/o Bar-Trattoria, Tel. 0765-708012 / 347-0511383 (Elena); 6 Betten, BB 20 € pro Person. Abendessen für Pilger 15 € (auf Vorbestellung).

Castel di Tora: *Agriturismo La Posta,* Ortschaft Campigliano, Tel. 338-1607521 (Paola) / 333-8504083; 7 Zimmer mit Bad, BB 50 € pro Doppelzimmer, 60 € pro Dreibettzimmer. Abendessen für Pilger 15/20 €. Kündigen Sie Ihre Ankunft vorher an. Zeltplatz. Vom *Cammino* aus gehen wir an der letzten Brunnentränke links 500 m den steilen Betonweg hinauf.

Agriturismo Le Cascine, 150 m über *La Posta,* Tel. 0765-716243 / 320-4111445 (Enza) / 328-0389926 (Giuseppe), info@lecascineagriturismo.it; 7 Einzimmerapartments mit Kochnische. Apartment für 2 Personen 60 €. Für jede weitere Person 10 €. Zeltplatz.

Hotel Turano, Via Turanense, Tel. 0765-716300 / 335-5290603 (Luigi), info@hotelturano.it; folgen Sie auf der Provinzstraße den Hinweisschildern nach Ascrea, in der Nähe der Tankstelle. 25 Betten, 60/70 € das Doppelzimmer.

Casa Rosa dei Venti, Tel. 331-7178581 (Fabio), Pilgerherberge im Dorfzentrum, Ferienwohnungen mit Stockbetten, ideal für Gruppen.

Rita, Tel. 328-9745678, stellt bei sich zuhause zwei Betten für Pilger zur Verfügung.

Eine leichte und landschaftlich sehr schöne Etappe inmitten einer großartigen Natur, die uns gegen Ende mit traumhaften Ausblicken auf den Turanosee belohnt.

Wegbeschreibung

Vom Brunnen auf der Piazza della Vittoria aus gehen wir durch die leicht abfallende Via Roma bis zur Gabelung; hier folgen wir den Schildern nach Rieti und biegen nach 30 m links in die kleine Via del Pereto ein, die steil bergauf führt. Nach 400 m gabelt sich der Weg

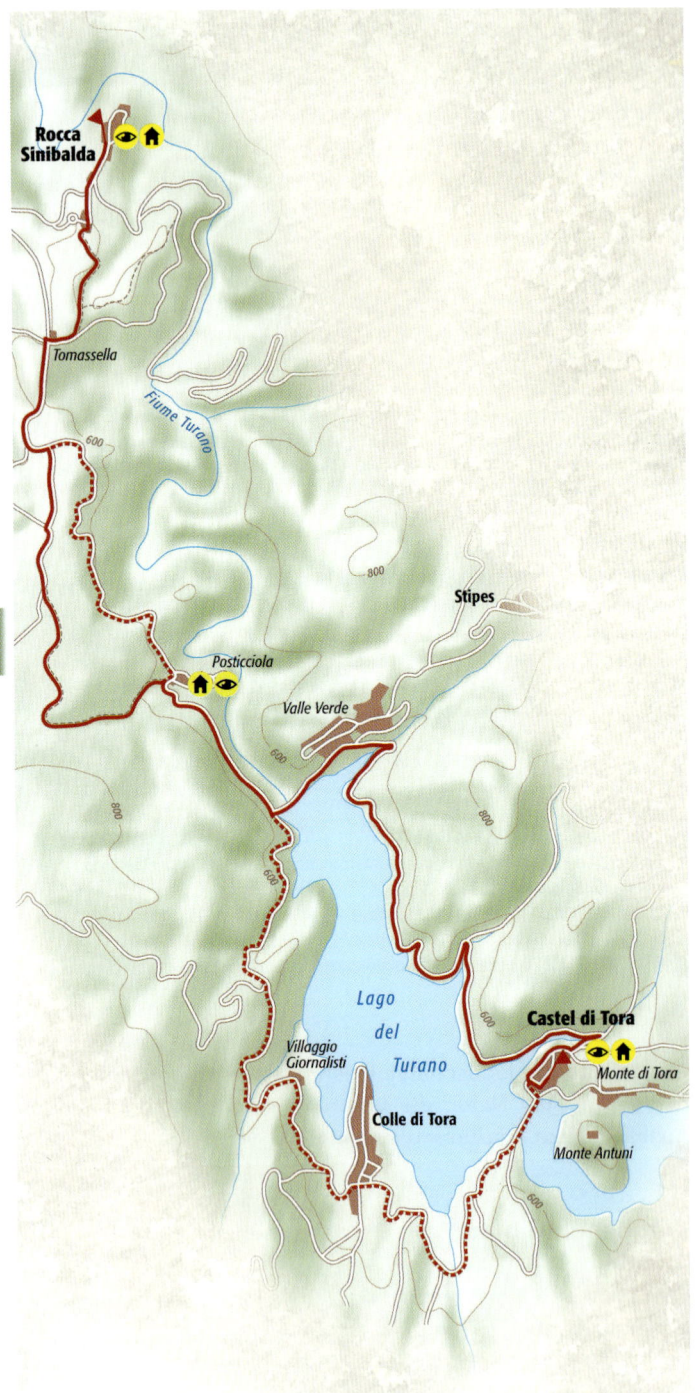

vor dem Technikgebäude einer Telefongesellschaft. Wir folgen für 700 m dem Schotterweg nach links, der bald zu einem schmalen Waldweg wird; ihm folgen wir, bis wir auf eine kleine Asphaltstraße stoßen; hier gehen wir rechts hinunter und erreichen nach 200 m in der Ortschaft **Tomasella** die Provinzstraße.

Ihr folgen wir nach links, bis wir nach 900 m an eine Gabelung kommen und rechts nach Oliveto abbiegen. Nach weiteren 1000 m führt die Straße kurz geradeaus und beschreibt dann eine Rechtskurve; hier steht auf der linken Seite ein Strommast, und gleich daneben beginnt ein kleiner Fußweg, der in den Wald führt und schon bald zunächst 800 m recht steil ansteigt. Dann geht es rund 300 m wieder leicht abwärts bis zu einem verfallenen Gebäude; hier verlassen wir den Hauptweg und biegen links in einen kleinen, steinigen Pfad ein, der 750 m lang steil bergab führt.

An einem Brunnen gehen wir links und erreichen nach weiteren 400 m über eine kleine betonierte Straße **Posticciola**. Dieser letzte Wegabschnitt belohnt uns mit einer schönen Aussicht auf die Ortschaft Stipes und den darüber aufragenden *Monte Aquilone*.

Nach einem kurzen Abstecher in den Ort folgen wir der *Strada Turanense* abwärts. Nach rund 500 m können wir links einen Weg nehmen zur Römerbrücke. Wer auf der Straße bleibt, erreicht nach rund 800 m die Staumauer. Hier halten wir uns links und gehen über die Staumauer hinüber, von der aus wir den gesamten nördlichen Teil des *Lago del Turano* überblicken können. Nach 400 m nehmen wir die erste Abzweigung nach rechts und folgen dem Sträßchen, das am gesamten östlichen Seeufer entlangführt. Etwa auf der Hälfte der Strecke ist die Straße seit einem Erdrutsch nicht mehr befahrbar; zu Fuß kann man jedoch ohne weiteres passieren.

Der Turano-See

Castel di Tora über dem Turano-See

Immer am Ufer entlang kommen wir nach ca. 4,5 km zu einer Tränke, wo es links steil hinaufführt nach Vallecupola. Nach weiteren 500 m befindet sich wieder ein Brunnen und hier führt es links zu den Agriturismo-Betrieben hinauf. Wer ins Dorf **Castel di Tora** will, geht nach rechts und erreicht nach einem kurzen, steilen Anstieg die Ortsmitte.

Variante für Radfahrer

An der Abzweigung nach Oliveto bleiben Sie auf der Provinzstraße und folgen den Schildern nach Carsoli. An der Staumauer fahren Sie weiter auf der Turanense, die am Westufer des Sees entlang und durch das malerische Zentrum von Colle di Tora führt.

Sehenswürdigkeiten

POSTICCIOLA: Die winzige, malerische und halbverlassene Ortschaft (im Winter leben hier nur 30 Personen) liegt mitten in einem Gebiet mit zahlreichen Überresten römischer Architektur wie dem sogenannten „*Ponte Vecchio*", einer antiken **Römerbrücke**, zu der vom Ort aus ein kurzer Spazierweg hinunterführt. Das sabinische Dorf, ehemalige Poststation und Schnittpunkt verschiedener Triftwege, hat sich seine mittelalterliche Prägung bewahrt. Überragt wird die kleine Siedlung von einer Festung, die der Familie Mareri gehört hat; interessant sind der antike Waschplatz und das Museum für Kunsthandwerk und Volkskultur.

LAGO DEL TURANO: Ende der 30er-Jahre des letzten Jahrhunderts durch den Bau des Staudamms entstanden, ist der See etwa 10 km lang und durch einen 9 km langen Tunnel mit dem *Lago del Salto* verbunden. Die dicht bewaldete Gebirgslandschaft, die alten Burgen und malerischen Dörfer zu beiden Seiten des Sees, die Schönheit der Natur und der durch und durch „sanfte" Tourismus machen diese Gegend so einzigartig.

CASTEL DI TORA: Durch die Landflucht zur Hälfte entvölkert und neben der Geisterstadt Antuni gelegen spiegeln sich die alten Steinhäuser dieses Fleckens eng aneinandergeschmiegt im tiefblauen Wasser des Sees. Die alte Siedlung mit ihrem Gewirr aus engen Gassen und Häusern aus dem ortsüblichen Bruchstein ist ein typisches mittelalterliches Dörfchen. Wer möchte, lernt hier den Wert der Zeit wieder neu zu schätzen – zum Beispiel bei einer entspannenden Kanufahrt oder einem kurzen Badestopp. So oder so: Castel di Tora wird uns nicht enttäuschen. Es ist ein Vergnügen, durch die Gassen zu schlendern und den See aus immer neuen Blickwinkeln zu bewundern. Oder zu den Ruinen des verlassenen Dorfs Antuni hinaufzusteigen, dem höchsten Punkt der Halbinsel, die in den See hineinragt, und von

Der Triton-Brunnen in Castel di Tora

dort aus die atemberaubende Sicht auf Castel di Tora und den gesamten *Lago del Turano* zu genießen.

Castel di Tora ist wegen der Schönheit des Ortes und der Umgebung und vielleicht auch wegen der wohltuenden ländlichen Ruhe von der Initiative *Borghi più belli d'Italia* zu einem der **schönsten Dörfer Italiens** gewählt worden. Diese um das Jahr 2000 entstandene Initiative bemüht sich, jene kleinen Orte wiederaufzuwerten, die, obwohl sie in künstlerischer, kultureller und ökologischer Hinsicht so vieles zu bieten haben, abseits der großen Touristenströme liegen: eine kluge Methode, dieses unbekannte und umso faszinierendere Italien aus seinem Dornröschenschlaf zu wecken.

Der Turano-See

NATURSCHUTZGEBIET *MONTE NAVEGNA* **UND** *MONTE CER-VIA:* Das Naturschutzgebiet besteht aus den Bergmassiven des *Monte Navegna* im Norden (1508 m) und des *Monte Cervia* im Süden (1436 m). Es handelt sich um ein vom Menschen kaum berührtes Gebiet mit einer bewegten Geschichte, das aufgrund seiner Geomorphologie schon immer „Grenzland" gewesen ist: in ältester Zeit zwischen den Sabinern und den Aequern, dann zwischen dem Kirchenstaat und dem Königreich beider Sizilien und schließlich heute zwischen der *Alta Sabina* und dem *Cicolano*. Diese Region zeichnet sich durch eindrucksvolle und faszinierende Landschaften aus: Gießbäche und schattige Wälder, Bergseen und sonnenüberflutete Hochebenen. Im Schutzgebiet leben unter anderem drei Tiere, die aufgrund ihrer Schönheit und Seltenheit gewissermaßen zum „Markenzeichen" des Parks geworden sind: der Steinadler, der in diesen Bergen ein perfektes Jagdrevier findet; der Wolf, der dauerhaft zurückgekehrt ist; und die einzelgängerische, nachtaktive und wunderschöne Wildkatze.

■ Der gregorianische Choral

Der Name geht auf den schon erwähnten Gregor den Großen (590–604) zurück. Einer karolingischen Legende zufolge soll dieser heilige Papst ein *Antiphonarium* aus Gesängen zusammengestellt haben, die ihm der Heilige Geist in der Gestalt einer Taube diktiert hat. In Wirklichkeit ist es fraglich, ob die Gregorianik wirklich etwas mit Papst Gregor zu tun hat, und die Legende wurde sehr wahrscheinlich von den karolingischen Herrschern in Umlauf gebracht, um dafür zu sorgen, dass die Gläubigen im neu entstehenden Heiligen Römischen Reich die Vereinheitlichung des fränkischen und des römischen Ritus bedingungslos akzeptierten.

Der gregorianische Choral ist eine Vertonung biblischer Texte und gilt deshalb in der katholischen Kirche als „gesungenes Gotteswort". Seine verschiedenen Formen – *ambrosianisch, römisch, fränkisch-römisch* – werden in den Klöstern und insbesondere bei den Benediktinern gepflegt.

Kennzeichen des gregorianischen Chorals ist die Monodie oder Einstimmigkeit, die ohne instrumentale Begleitung auskommt und auf einer Abfolge von *Modi* – Tonintervallen – basiert; die beiden prägnantesten Noten sind hierbei die *Finalis*, welche die Komposition beschließt, und die *Repercussio*, um die herum sich die Melodie entfaltet.

Ursprünglich verwendeten die frühen Christen für ihre liturgischen Gesänge ein Gemisch aus verschiedenen Stilen und Sprachen, in dem sich hebräische, griechische und römische Einflüsse niederschlugen. Der direkt aus diesen Quellen abgeleitete *ambrosianische* Gesang hat gegenüber dem gregorianischen Choral seine Eigenständigkeit bewahrt. Er ist modal weniger differenziert und besteht vorwiegend aus *Melismen*: mehreren Noten, die nacheinander auf ein und derselben Silbe gesungen werden. Die verschiedenen Stile und Einflüsse wurden Ende des 4. Jhs. im lateinischen Ritus zum sogenannten *altrömischen Gesang* vereinheitlicht. Ein großer Teil der Gesänge wurde im 5. und 6. Jh. in der *Schola Cantorum* komponiert: In dieser Choralschola bildete die Kirche die Sänger aus, welche die Gottesdienste musikalisch gestalten sollten.

In der zweiten Hälfte des 8. Jhs. führte die politische Annäherung zwischen Frankenreich und Papsttum dazu, dass die fränkischen Herrscher die römische Liturgie schätzen lernten und beschlossen, sie in ihrem Herrschaftsgebiet verbindlich einzuführen: Ab sofort stützte man sich auf die einheitliche Grundlage des lateinischen Texts. Die fränkischen Kantoren stimmten den Grundrhythmus des römischen Chorals und seine modale Struktur wieder neu aufeinander ab und riefen so den gregorianischen, oder genauer: den *fränkisch-römischen* Gesang ins Leben. Im 9. Jh. förderte Karl der Große die Verwendung dieses Gesangs im ganzen Karolingerreich, und zwischen dem 9. und dem 11. Jh. spielten die Benediktinerklöster bei der Verbreitung der Gregorianik eine wichtige Rolle. Die aktivsten Zentren waren dabei die Abteien von Nonantola bei Modena in der Poebene und Montecassino.

Seit der Mitte des 19. Jhs. hat sich die Abtei von Solesmes in Frankreich dank eines gewaltigen Forschungsaufwands, der bis heute andauert, zum weltweit wichtigsten Zentrum für das Studium und den Erhalt des gregorianischen Chorals entwickelt.

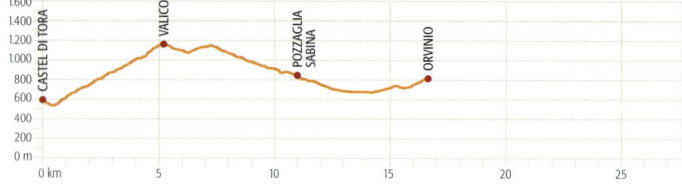

Informationen

Pozzaglia Sabina: *Gemeindeamt,* Tel. 0765-934016
Amico del Cammino: Franco, Tel. 349-5108863
Wenn Sie das Geburtshaus der hl. Agostina Pietrantoni besuchen möchten, wenden Sie sich an die *Suore della Carità,* die Barmherzigen Schwestern; hier erhalten Sie auch den Stempel für Ihren Pilgerpass.

Orvinio: *Gemeindeamt,* Tel. 0765-92007
Pro Loco, Tel. 347-6526455
Stempel für den Pilgerpass im *Pro Loco* und im *BB Il Sorriso dei Monti.*
Amico del Cammino: Maurizio, Tel. 333-7620639

Unterkünfte

Pozzaglia Sabina: *Suore della Carità,* Piazza Sant'Agostina, Tel. 0765-934041 / 347-1717078, carita.pace@virgilio.it; Pilgerunterkunft mit Bad, Küche, Waschmaschine und Hauskapelle. Die Schwestern werden Sie in ihrem äußerst gepflegten Haus mit offenen Armen empfangen. Nehmen Sie nach Möglichkeit an den Liturgien teil.

Orvinio: *BB Il Sorriso dei Monti,* Via Segni 20 (in der Altstadt), Tel. 0765-92194 / 333-7620639, 5 Betten, BB 30 € für das Einzel-, 50 € für das Doppelzimmer. Sehr gepflegt. Ferienwohnung für 5 Personen, mit Waschmaschine, im Ortszentrum; Tel. 0765-9206626 (Simonetta)
Centro di Accoglienza San Michele, 4 km vom Dorf entfernt an der Straße nach Scandriglia, Tel. 347-9206626 (Simonetta), 80 Betten, ideal für Pfarrgruppen oder Pfadfinder, Preisnachlass bei eigener Bettwäsche

Eine anspruchsvolle, aber landschaftlich außergewöhnlich schöne Etappe. Uns erwarten eine atemberaubende Aussicht auf den Turanosee, Gebirgsfluren, herrliche Wälder und traumhafte Täler wie die Ebene zwischen Pozzaglia und Orvinio. Die heutige Strecke führt ausschließlich über schöne, weil wenig begangene Fußwege. Es ist daher ratsam, sich sehr genau an die Wegbeschreibung zu halten.

Wegbeschreibung

Wir beginnen in der Ortsmitte von Castel di Tora und biegen in die Straße ein, die zur Brücke hinabführt. Wenn wir einen Abstecher auf

In den Sabiner Bergen zwischen Castel di Tora und Pozzaglia

die Halbinsel Antuni machen wollen, welche den schönsten Blick auf den See freigibt, gehen wir vor der Brücke an der Kreuzung mit der *Strada Turanense* nach links und dann gleich hinter dem Touristik-Büro nach rechts über den Parkplatz für Wohnmobile; an dessen Ende beginnt der Weg, der zur Ruine aufsteigt.

Wer nicht zur Ruine Antuni will, überquert die Brücke und geht links zum kleinen Platz mit einer Rochuskapelle (*Oratorio di San Rocco*). Vor der Kapelle folgen wir einer kleinen Straße sehr steil bergauf; sie ist zunächst asphaltiert und wird nach rund 800 m zu einem Schotterweg. Wir halten uns an die gelb-roten Markierungen und gehen immer geradeaus, ohne auf mögliche Abzweigungen zu achten. Schließlich kommen wir – 1,4 km nach der Rochuskapelle – an ein Gittertor; gleich dahinter auf der rechten Seite ist eine Brunnentränke, an der wir unsere Wasserflaschen auffüllen können.

Hier biegen wir rechts in ein betoniertes Sträßchen ein, das mit einem Schranken versperrt ist und sofort zu einer Schotterstraße wird. Wir folgen dem Hauptweg 500 m weit immer bergauf und ignorieren die Abzweigungen, bis wir zu einer Gabelung gelangen: Hier gehen wir rechts und sogleich in einer Rechtskurve abwärts zu einer neuerlichen Weggabelung. Wir nehmen den ebenen Weg nach links, der schon bald zwischen Ginsterbüschen hindurch bergauf führt. Nach ca. 300 m kommen wir zu einem kleinen Brunnen, dem letzten bis Pozzaglia! Von hier aus geht es weitere 700 m bergauf; die Vegetation wird lichter und der Hauptpfad teilt sich in mehrere kleinere Pfädchen, die aber alle zu ein und derselben Anhöhe führen. Von hier aus sehen wir rechts auf der anderen Talseite den malerischen Ort Ascrea unterhalb des mächtigen *Monte Cervio*, links den *Monte Navegna*, und wenn wir uns umdrehen, genießen wir eine

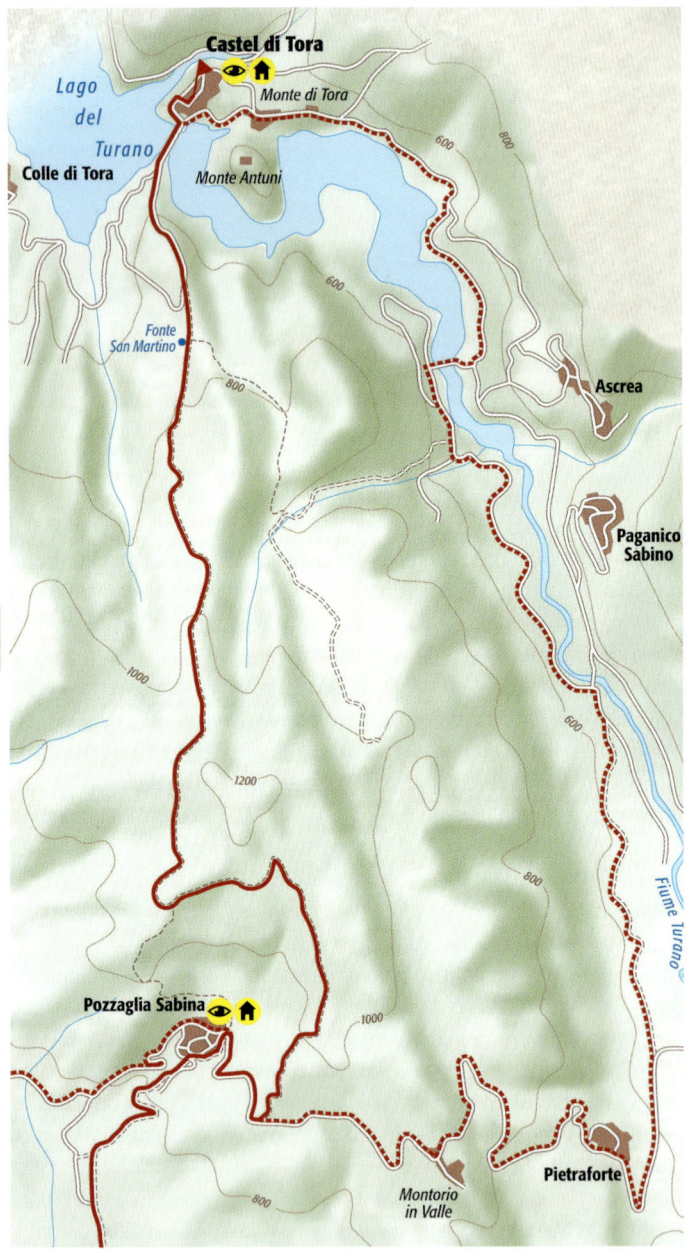

atemberaubende Sicht auf den *Lago del Turano* und erkennen in der Ferne die unverwechselbare Silhouette des *Monte Terminillo*.

Von der Anhöhe aus folgen wir nach rechts dem Kammweg, der für weitere 1,2 km durch Wald und kleine Lichtungen ansteigt, bis wir eine Lichtung auf einer Höhe von 1120 m am Rande eines Buchenwaldes erreichen. Wir gehen nicht in den Wald hinein, sondern biegen rechts ab und folgen dem Weg 50 m am Waldsaum entlang, bis wir zu einem Informationsschild kommen.

Hier folgen wir den gelben CAI-Markierungen in den Wald hinein. Der Weg führt zu einem Stacheldrahtzaun, dem wir ein paar dutzend Meter bis zu einem Viehgatter folgen. Dahinter steigt der Weg sanft an und führt uns nach 300 m auf eine Passlichtung (1160 m). Am Anfang der Lichtung gehen wir links an der Vegetationsgrenze entlang bis zu einem Pinienhain. Dort entdecken wir einen bergab führenden Trampelpfad, der zunächst am Pinienwald entlang und dann durch ihn hindurch nach wenigen hundert Metern zu einer weiteren kleinen Lichtung führt. Wir halten uns rechts und gehen an der Kuppe entlang, die sich rechts von uns erhebt. Kurz darauf haben wir einen großartigen Blick auf die *Monti Lucretili*. Der Pfad mündet in einen Fahrweg, der leicht abwärtsführt und in eine andere Schotterstraße mündet, der wir links folgen. Weiter unten sehen wir inmitten von Wäldern das entzückende Dörfchen Pozzaglia und in der Ferne Orvinio. Nach 50 m beschreibt der Schotterweg eine Linkskurve, wobei er zunächst steil und dann sanfter ansteigt, bis er in einen großen, dichten Pinienwald führt. Von hier aus geht es 2,5 km durch den Pinienwald bergab bis zur asphaltierten Straße, auf die wir einbiegen, nachdem wir das Gatter eines Weidezauns sorgfältig hinter uns wieder verschlossen haben. Wir gehen rechts hinunter und erreichen nach 1 km die Piazza Sant'Agostina in **Pozzaglia Sabina**.

Wenn wir nicht bei den *Suore della Carità*, den Barmherzigen Schwestern, übernachten, können wir, nachdem wir das Geburtshaus der heiligen Agostina Pietrantoni und die Pfarrkirche besucht haben, unseren Weg nach Orvinio fortsetzen: Wir gehen die Via Piana hinunter – das ist die Gasse, die neben dem Haus der Schwestern von der Piazza abzweigt (Hinweisschild zur *Casa natale di sant'Agostina*). An dem darunter gelegenen kleineren Platz biegen wir links ab (rechts geht es zum Geburtshaus der hl. Agostina) und gelangen über eine Straße mit starkem Gefälle an eine Kreuzung vor einem Haus (mit der Nummer 108).

Hier gehen wir weiter geradeaus eine betonierte Straße hinunter, die, wie wir schon sehen können, weiter unten im Wald endet. Etwa 50 m vor dem Ende der Gasse biegen wir links ab in einen winzigen Fußpfad, der, nachdem wir einen kleinen Bach überquert haben, deutlicher zu erkennen ist und in den Wald führt. Wir folgen für 500 m diesem angenehmen Waldweg bis zur kleinen Kirche Santa Maria di Maccafà; hier biegen wir rechts in einen Fahrweg ein, der ca. 450 m weiter unten in einen zweiten Fahrweg mündet, dem wir nach links folgen.

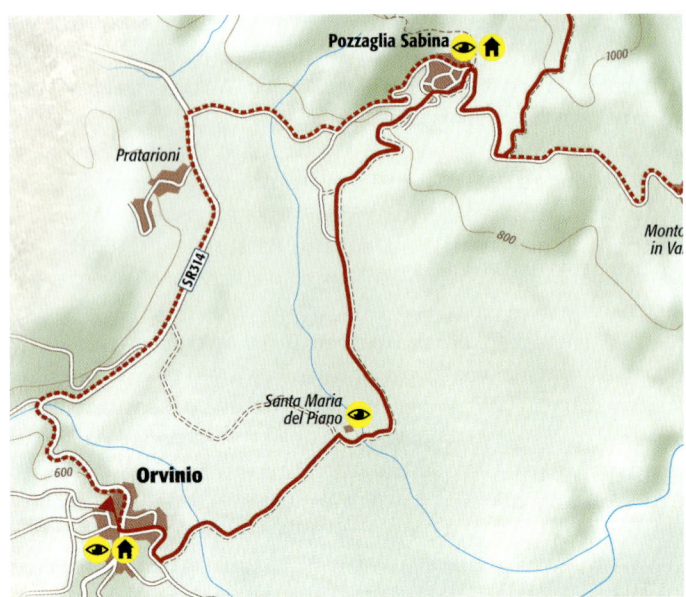

An verschiedenen Abzweigungen vorbei verläuft unser Weg für rund 600 m immer geradeaus und leicht bergab, bis wir an ein Gittertor gelangen, das Fußgänger seitlich passieren dürfen. Nach 300 m endet der Wald und es beginnen die wunderbaren Wiesen des Muzia-Tals, über denen sich der unverwechselbare romanische Glockenturm von Santa Maria del Piano erhebt und die im Sommer von blühenden Blumen und Kräutern übersät sind.

Dort, wo sich der Pfad in den Wiesen zu verlieren scheint, orientieren wir uns am Stacheldrahtzaun zu unserer Linken, an dem wir 250 m weit entlanggehen; dann führt uns der Pfad, der nun wieder etwas besser zu erkennen ist, allmählich vom Zaun weg, durch ein kleines Gehölz und schließlich an ein Weidengatter, das wir wie üblich wieder sorgfältig hinter uns schließen. Wir folgen dem Weg nun bergab geradewegs auf die verlassene Abtei **Santa Maria del Piano** zu, deren Campanile wir nun direkt vor uns sehen.

Wenn es geregnet hat, kann dieser Pfad sehr schlammig sein: In diesem Fall halten wir uns am Rand oder gehen über die Felder. Nachdem wir einen Bach durchwatet haben, kommen wir an eine Gabelung: Rechts liegt die Abtei, und wir bestaunen tiefbewegt dieses Juwel der romanischen Baukunst, das leider völlig verfallen ist. Um nach Orvinio zu gelangen, gehen wir auf dem linken Karrenweg weiter und folgen damit der mittelalterlichen Straße, die Canemorto (das alte Orvinio) einst mit der Abtei verband und an vielen Abschnitten noch das alte Pflaster aufweist. Auf dem geschichtsträchtigen

Orvinio

Weg, der schließlich zu einer kleinen Asphaltstraße wird, bleiben wir für 1,2 km. Dann biegen wir rechts in einen Steig ein, der uns 250 m steil ins Dorf **Orvinio** hinaufführt.

Variante für Radfahrer (24 km)

Auch diese Etappe verläuft für die Radfahrer auf einer ganz anderen Route als der Fußweg. In Castel di Tora fahren wir von der Ortsmitte aus die Via Turanense hinunter. Gegenüber der Halbinsel Monte Antuni folgen wir den Hinweisschildern nach Ascrea und fahren links. Die Straße führt nun 3,5 km am südöstlichen Seeufer entlang. Unmittelbar vor der Bar Miralago biegen wir in ein abschüssiges Sträßchen ein und kommen an eine Brücke, über die wir ans andere Ufer gelangen. Am Ende der Brücke biegen wir sofort links ab auf eine geschotterte Panoramastraße, die am südwestlichen Ufer dieses äußersten Seeausläufers entlangführt; ausgedehnte Wiesen mit schattigen Plätzen und problemlosem Zugang zum See laden zu einer Pause und vielleicht sogar zu einem Badestopp ein.

Wenn wir auf derselben (inzwischen asphaltierten) Straße weiterfahren, erreichen wir eine zweite Brücke und biegen unmittelbar davor rechts in einen leicht ansteigenden Fahrweg ein. Diesem Schotterweg folgen wir etwa 2,5 km weit; dabei halten wir uns an sämtlichen Abzweigungen immer rechts.

*Der Schotterweg mündet in die Provinzstraße; hier fahren wir nach rechts. Die Straße führt 6 km bergauf und durch die Ortschaften **Pietraforte** und **Montorio in Valle**; kurz dahinter beginnt die Abfahrt*

Pozzaglia Sabina

nach **Pozzaglia Sabina**. Um nach Orvinio zu gelangen, folgen wir zunächst der Straße nach Poggio Moiano und biegen dann an der Kreuzung links in die Regionalstraße ein. Vorbei an **Pratarioni** errei-chen wir nach weiteren 4 km, die bald bergauf, bald bergab verlau-fen, schließlich unser Etappenziel.

Sehenswürdigkeiten

POZZAGLIA SABINA: Im Schutz einer Bergkette und im üppigen Grün ausgedehnter Wiesen und Wälder gelegen ist Pozzaglia ein entzückendes Bergdörfchen auf 860 m Höhe. Zu medialen Ehren gelangte es 1999 nach der Heiligsprechung der dort gebürtigen Agostina Pietrantoni. Ihre sterblichen Überreste werden in der klei-nen Pfarrkirche in der Kapelle links in einer Urne aufbewahrt. In der Ortsmitte befindet sich auch das Geburtshaus der Heiligen samt Museum, das von den Barmherzigen Schwestern betreut wird. In-formationen unter der Telefonnummer 0765-934041.

SANTA MARIA DEL PIANO: Am Rand des herrlich grünen Mu-zia-Tals zwischen Pozzaglia und Orvinio kann man die Überreste der bedeutenden Benediktinerabtei Santa Maria del Piano bewundern. Eine Legende bringt ihre Gründung mit Karl dem Großen in Verbin-dung, der 817 an diesem Ort das Heer der Sarazenen vernichtend geschlagen haben soll. Auch wenn dies historisch nicht zu belegen ist, geht die Gründung der Abtei auf die karolingische Epoche zu-rück. Sie gewann so rasch an Bedeutung, dass die dortigen Bene-

Die verlassene Abtei Santa Maria del Piano

diktinermönche, die an die mächtige Abtei von Farfa angegliedert waren, im 12. Jh. ihre Besitztümer auf die umgebenden Ländereien ausdehnten und sogar das Münzprägerecht erhielten. Der Rückgang der landwirtschaftlichen Erträge und die relativ große Entfernung zu den wichtigsten Verkehrswegen führten dazu, dass die Abtei allmählich an Bedeutung verlor und im Lauf des 16. Jh. schließlich endgültig aufgegeben wurde. Ihr romanischer Glockenturm ist ein echtes Juwel und von allen Punkten der Hochebene aus zu sehen.

ORVINIO: Das im Regionalpark *Monti Lucretili* gelegene Orvinio ist ein malerischer und historisch interessanter Ort. Bis zum 15. Jh. gehörte er den Benediktinern von Santa Maria del Piano. Sehenswert sind die Kirche **Santa Maria dei Raccomandati** aus dem 16. Jh.; die Kirche **San Giacomo** mit ihrem achteckigen Grundriss, die 1612 nach Plänen von Gianlorenzo Bernini erbaut wurde; und einige Kilometer entfernt an der Straße nach Scandriglia die Wallfahrtskirche **Santa Maria di Vallebona**. Genau wie Castel di Tora zählt auch Orvinio zu den *Borghi più belli*, den schönsten Dörfern Italiens.

■ Die heilige Agostina Pietrantoni

Als zweites von elf Kindern einer einfachen Bauernfamilie wird Livia Pietrantoni am 27. März 1864 in Pozzaglia Sabina geboren. Von klein auf wird sie zu Ehrlichkeit, Frömmigkeit und Fleiß erzogen; großzügig und opferbereit genießt sie das Vertrauen ihrer Geschwister und ist auch bei den anderen Kindern im Dorf beliebt. Um zum Unterhalt der Familie beizutragen, arbeitet sie beim Bau der Straße nach Poggio Moiano und bei der Olivenernte mit und hat trotz dieser Belastung auch in der Schule immer gute Noten. Täglich nimmt sie sich Zeit, um vor der *Cappella della Rifolta* zu Maria zu beten, der sie all ihre Gedanken und Sorgen anvertraut.

Als sie einen Heiratsantrag erhält, überwindet Livia ihre angeborene Zurückhaltung und zeigt dem Bewerber ein Bild des mit Dornen gekrönten Christus: „Das ist der Mann, den ich heiraten werde!" Ihrem Onkel, dem Klosterbruder Matteo, vertraut sie ihren Wunsch an, sich dem Herrn zu weihen, und geht auf dessen Einladung im Januar 1886 nach Rom.

Hier tritt sie als Postulantin in den Orden der Barmherzigen Schwestern der hl. Johanna Antida Thouret (auch „Graue Nonnen" oder „Töchter der Liebe von Besançon" genannt) ein und wird im Folgejahr Schwester Agostina. Als sie das Ordensgewand empfängt, gesteht sie der Novizenmeisterin Schwester Crocifissa: „Ich möchte als Märtyrerin für Jesus sterben!" Sie wird als Krankenschwester ins Heilig-Geist-Hospital geschickt, jene „Schule der christlichen Nächstenliebe", an der schon der hl. Karl Borromäus, der hl. Philipp Neri und der hl. Kamillus von Lellis gewirkt hatten.

Schwester Agostina kümmert sich zunächst um die Kinder. Nachdem sie schwer an Tuberkulose erkrankt und auf wunderbare Weise geheilt worden ist, beschließt sie, die Erwachsenen auf der Tuberkulosestation zu pflegen. Das politische Klima jener Jahre ist angespannt: Die „Römische Frage" macht den Ordensleuten im Hospital das Leben schwer. Antiklerikale Ärzte machen aus ihren positivistischen und materialistischen Vorstellungen keinen Hehl, die Kapuzinerpatres werden aus dem Hospital vertrieben, die Kruzifixe abgehängt und nur die Schwestern dürfen bleiben – unter der Bedingung, dass sie nicht über Religion sprechen. Schwester Agostina betritt den Krankensaal jeden Tag mit einem Lächeln, tut ihre Arbeit mit großem Eifer und lässt sich von Unverständnis und Ungerechtigkeiten nicht beeindrucken. Ihr Motto: „Für Jesus ist alles wenig."

Am 13. November 1894 geht sie nach dem Empfang der Eucharistie wie immer zu ihren Kranken. Dort wartet schon ihr Mörder auf sie: ein gewisser Giuseppe Romanelli, der schon einmal wegen seiner Gewalttätigkeit aufgefallen war und das Hospital hatte verlassen müssen. Er stürzt sich auf sie und versetzt ihr mehrere Messerstiche. Schwester Agostina sinkt zu Boden, den Namen der Gottesmutter auf den Lippen. Sterbend vergibt sie ihrem Angreifer; dann haucht sie ihr Leben aus. Die entsetzliche Tat erschüttert ganz Rom und zu Agostinas Beerdigung strömt eine unüberschaubare Menschenmenge zusammen. Johannes Paul II. erkennt ihr den heroischen Tugendgrad zu und spricht sie 1999 heilig.

Sie ist die Patronin der Krankenschwestern und Pfleger. Ihr Gedenktag wird in Pozzaglia am zweiten Sonntag im September gefeiert.

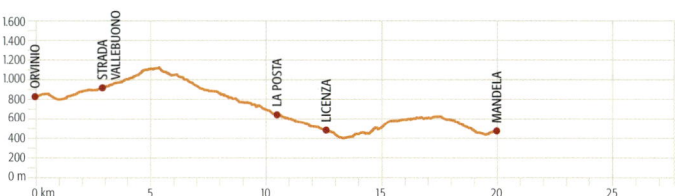

Informationen

Regionalpark *Monti Lucretili*: Tel. 0774-637027
Bergrettung 348-6131300

Licenza: *Gemeindeamt*, Tel. 0774-46031

Mandela: *Gemeindeamt*, Tel. 0774-492003
Amica del Cammino: Marzia, Tel. 345-6936321

Unterkünfte

Percile: *La Locanda della Vecchia Scola,* Via Piana, Tel. 0774-46581, locandavecchiascola@libero.it; 40 Betten in Doppelzimmern und Schlafsälen mit Etagenbetten, BB 25 €. In einem ehemaligen Schulgebäude im Dorf. (Percile liegt an der Radvariante, nicht am Fußweg.)

Mandela: *BB Agorà,* Via Umberto I 2 (in der Ortsmitte an der Hauptstraße), Tel. 320-1108393 (Fabrizio) / 329-1340482, agorabb@libero.it; 8 Betten in Zimmern mit Bad; Küchenbenutzung; BB Einzelzimmer 30 €, Doppelzimmer 45 €, Dreibettzimmer 55 €. Kündigen Sie Ihre Ankunft vorher an. Geöffnet von März bis Oktober.
Paradise House, Tel. 333-3120719 (Iana) / Tel. 328-4748720 (Lino); 2 Zimmer, BB 50 € im Doppelzimmer, 30 € im Einzelzimmer. Biegen Sie von Mandela kommend am Wegkreuz rechts Richtung San Cosimato ab, nach 150 m liegt das *Paradise House* auf der rechten Seite hinter einem schwarzen Tor mit der italienischen Flagge. Zeltplatz, Preis nach Vereinbarung.
Febb Inn, Tel. 345-6936321 (Marzia); 3 Zimmer, BB 50 € im Doppelzimmer, 30 € im Einzelzimmer. Vom *Paradise House* 300 m weiter bergab auf der rechten Seite in der Nähe des Restaurants *Eucalipto.*

Vicovaro: *Oasi Francescana,* im ehemaligen Kloster San Cosimato, Tel. 0774-492391 / 334-3093676, info@oasifrancescana.it; 60 Zimmer, Gruppenverköstigung möglich. BB 30 €, HP 45 €. Reservieren Sie frühzeitig und geben Sie auch vorher Bescheid, wenn Sie die Felsenkapellen und den römischen Aquädukt besichtigen wollen. Der Eingang befindet sich 300 m jenseits der Autobahnbrücke.

99

Wieder eine grandiose Bergetappe, die großenteils durch den Regionalpark *Monti Lucretili* führt. Die Wege sind nicht sehr frequentiert, was wie schon bei der vorigen Etappe ein aufmerksames Lesen der Wegbeschreibung erfordert. Wenn wir die Geduld dazu aufbringen, werden wir von phantastischen Panoramablicken belohnt – und das in einer Umgebung, die so ursprünglich ist, dass man kaum glauben möchte, dass uns nur

40 km Luftlinie vom römischen Stadtzentrum trennen. Wasserstellen gibt es nur in den Dörfern, daher ist es ratsam, die Flaschen bei jeder sich bietenden Gelegenheit aufzufüllen.

Wegbeschreibung

In der Ortsmitte von Orvinio folgen wir den Hinweisschildern nach Poggio delle Petriane das Sträßchen hinauf, das vom Torbogen wegführt. Nach 50 m gehen wir rechts das asphaltierte Sträßchen aufwärts. Nach weiteren 100 m stoßen wir auf eine kleine Kapelle; hier gehen wir links und 250 m recht steil bergauf, bis unser Weg oben in den CAI-Weg 308 einmündet und von hier ab wieder bergab verläuft.

Nachdem wir ein Wäldchen durchquert haben, kommen wir an ein Gatter, das wir hinter uns wieder schließen. Wir überqueren eine große, leicht ansteigende Weidefläche und gelangen an ein zweites Gatter. Es geht nun durch Wäldchen und Ginsterbüsche hindurch; rechts auf der gegenüberliegenden Talseite erkennen wir den Wallfahrtsort Vallebuono, für die Bewohner von Orvinio ein klassisches Pilgerziel. Nachdem wir ein Eichenwäldchen durchquert haben, gehen wir an einem Haus entlang, passieren ein drittes Gatter und stoßen schließlich auf eine bequeme Schotterstraße, der wir folgen, bis sie unweit der *Soggiorni San Michele* auf eine andere Schotterstraße trifft. Hier links, bis sie in 100 m in die Straße nach Scandriglia einmündet. Die ersten 3,2 km liegen nun hinter uns.

Wir gehen links hinauf, 800 m über Asphalt, bis die Straße auf 970 m ü. d. M. ihren höchsten Punkt erreicht. Kurz nach der Kuppe biegen wir links in einen Fußweg ein, der mit einer Kette versperrt ist (Wanderweg CAI 309). Zunächst geht es über eine Weidefläche den gelben Markierungen folgend hinauf bis zu einem Karrenweg, dem wir rechts folgen. Nach einigen Serpentinen kommen wir zu einer ebenen Lichtung und verlassen den Fahrweg geradeaus auf einem Steid mit CAI-Markierung. Nach einiger Zeit stoßen wir wieder auf den Fahrweg, dem wir einem Stacheldrahtzaun entlang folgen, bis wir links durch ein Holzgatter durch den Zaun schlüpfen. Der Weg führt uns auf eine große ehemalige Weidefläche; ab jetzt geht es bis Licenza nur noch bergab. Beim Überqueren dieser Weidefläche, die von Bäumen und Brombeersträuchern durchwachsen ist, halten wir uns rechts und sehen einige 100 m weiter auf der rechten Seite ein verfallenes Gehöft.

Wir gehen quer über die Wiese darauf zu, bis wir auf eine Schotterstraße stoßen; hier gehen wir links und biegen genau unterhalb des Gehöfts rechts in einen Pfad ein; er ist mit einem Gatter versperrt,

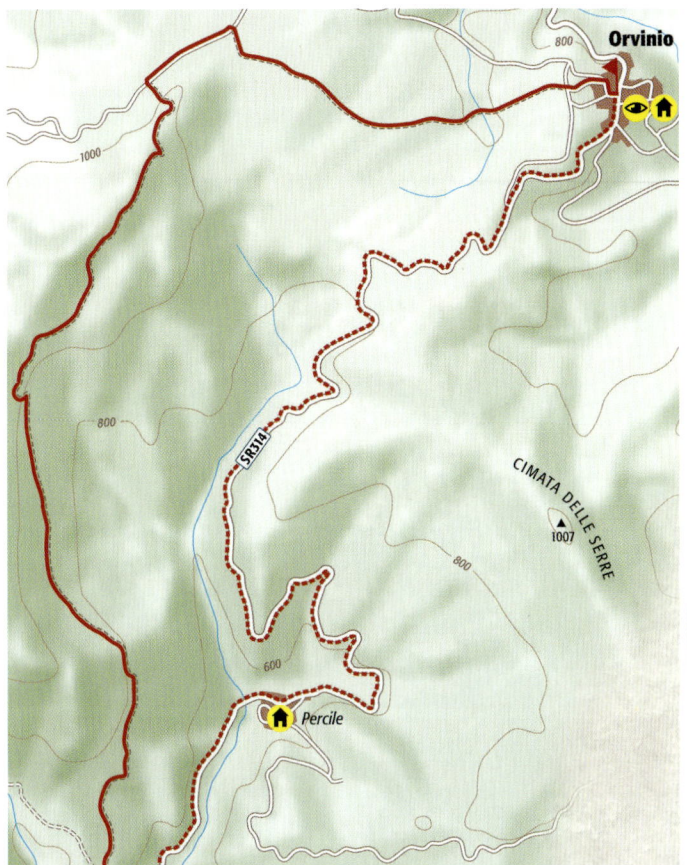

das wir wie üblich wieder hinter uns schließen. Die Fernsicht ist großartig und mühelos erkennen wir (von rechts nach links) die Prenestiner Berge, die *Monti Ruffi*, die *Monti Affilani* und die *Monti Simbruini*. Nach einem ganz kurzen Stück über die Höhe und vorbei an den Überresten einer Tränke geht es wieder abwärts durch niedrige Bäume, die zuweilen den Blick auf die darunter gelegene Ortschaft Percile freigeben. Der Weg ist immer gut zu erkennen und verläuft mit mehr oder weniger konstantem Gefälle gut 4 km bergab, bis er ein wenig unterhalb von **Civitella** gegenüber einem Brunnen auf die asphaltierte Straße stößt, in die wir nun nach links einbiegen. Nach 2 km und einigen Serpentinen erreichen wir den Friedhof von **Licenza** und gehen den gepflasterten Weg rechts hinunter durch das Oberdorf; nachdem wir erneut die Straße überquert haben, stehen wir auf dem Hauptplatz. Hier können wir uns stärken und unsere Wasserflaschen auffüllen, ehe wir den zweiten Teil der heutigen Etappe in Angriff nehmen.

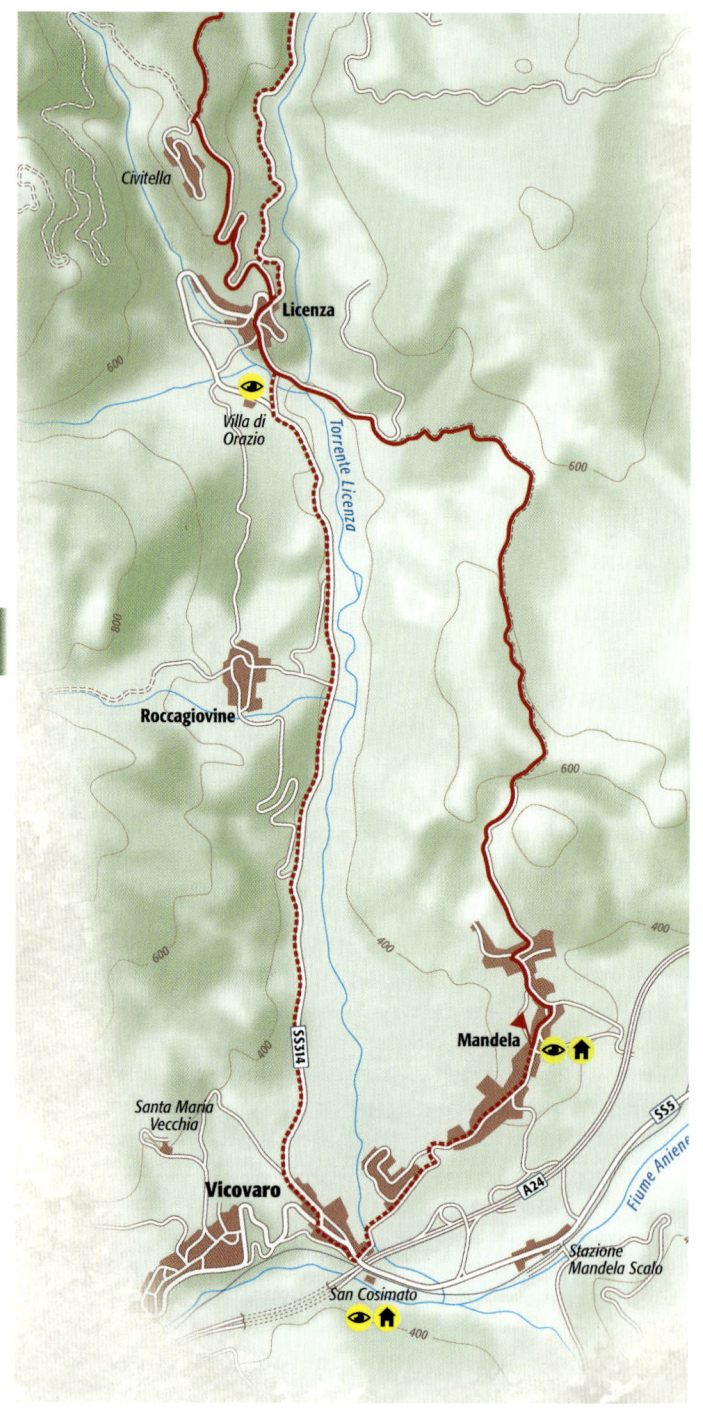

Civitella

Licenza

Villa di
Orazio

Torrente Licenza

600

600

600

Roccagiovine

600

600

400

400

600

SS314

Mandela

400

SS5

Santa Maria
Vecchia

Vicovaro

Fiume Aniene

A24

Stazione
Mandela Scalo

San Cosimato

400

Wir überqueren den Platz, gehen nach rechts und dann gleich links die Via Garibaldi hinunter bis zu ihrem Ende im Tal. An der Kreuzung, wo die Straße einen Rechtsknick macht, führt unser Weg weiter geradeaus über ein Sträßchen, das bald danach zur Schotterstraße wird; nach 200 m kommen wir an die nächste Abzweigung und folgen den CAI-Markierungen weiter geradeaus. Es geht nun 700 m auf einem betonierten Sträßchen bergauf bis zu einer kleinen Gabelung, wo wir rechts abbiegen; dieser Weg ist ebenfalls betoniert und führt zu einer kleinen Brücke hinunter, wo wir erneut ein Weidegatter passieren. Nun geht es wieder 250 m bergauf, bis wir links an einen Olivenhain kommen; ab hier ist der Untergrund nicht mehr betoniert, sondern besteht aus festem Erdboden. Wir gehen nicht weiter bergauf, sondern halten uns rechts. Dieser Weg verläuft ein ganz kurzes Stück über die Höhe mitten durch den Wald, bis wir rechts ein kleines Holztor sehen; hier zweigt ein schmaler Pfad ab, der mit leichtem Gefälle noch tiefer in den Wald hineinführt. Dann geht es für etwa 150 m wieder bergauf bis zu einem Weidezaun, den wir durch ein weiteres kleines Tor passieren. Hier biegen wir rechts in einen Pfad ein, der ungefähr 300 m durch dichte Vegetation bergauf führt; dabei gehen wir an einem Stacheldrahtzaun entlang, der sich rechts von uns befindet. Oben angekommen führt der Weg ins Freie und wir sehen einen Metallschranken vor uns; dahinter kommen wir auf eine bequeme, geschotterte Höhenstraße, der wir nach rechts folgen.

Nach weiteren 500 m gehen wir an einer Gabelung rechts auf die höhergelegene Schotterstraße und folgen nun für 2 km einem großartigen Höhenweg mit phantastischer Sicht auf die *Monti Simbruini*. Von einer Anhöhe aus genießen wir den Panoramablick auf Mandela und das darunter gelegene Aniene-Tal. Hier knickt der Schotterweg rechts ab und führt nun rasch bergab zu einem Tor; die schöne Freifläche vor uns heißt *Pian di Papa*; hier gibt es ein Ausflugslokal, das an den Wochenenden geöffnet ist (Tel. 366-3748285). Wir gehen das betonierte Sträßchen hinunter, bis wir das entzückende und ruhige Dorf **Mandela** erreichen. Wenn wir noch einen Abstecher nach San Cosimato machen wollen, folgen wir der Straße, die nach Vicovaro hinunterführt; nach etwa 2 km stößt sie auf die *Tiburtina Valeria*, und wir sehen links vor uns das ehemalige Kloster.

Variante für Radfahrer (20 km)

*Wieder gehen Fuß- und Radpilger eigene Wege. Von Orvinio aus folgen wir der Licinese Richtung Vicovaro. Ab dem zweiten km geht es nur noch bergab; wir durchqueren die hübsche Ortschaft **Percile**, erreichen **Licenza** und kommen an der Villa des Horaz vorbei, bis*

Licenza in den Monti Lucretili

unsere Straße schließlich in **Vicovaro** in die Staatsstraße Tiburtina Valeria einmündet. Ihr folgen wir nach links bis zur Autobahnbrücke am ehemaligen Kloster San Cosimato. Hier fahren wir, wenn wir Mandela besuchen oder dort übernachten wollen, die steile Straße links hinauf; andernfalls fahren wir geradeaus weiter und erreichen in Kürze den Bahnhof von Mandela; von hier aus ist der Radpilgerweg wieder mit dem Fußweg identisch.

Sehenswürdigkeiten

LICENZA: Den Ort mit seiner typisch mittelalterlichen Stadtanlage beherrscht die Burg der Orsini, die im Wechsel mit den Borghese Anspruch auf dieses Gebiet erhoben. Vom Burghof aus betritt man das interessante Horaz-Museum und die Räume, die Vincenzo Manenti im 17. Jh. mit Fresken ausgeschmückt hat. Unterhalb des Dorfs erhebt sich die antike **Villa des Horaz**, einer der bedeutendsten lateinischen Dichter. Die Villa, die er in mehreren seiner Gedichte besingt, wurde ihm um das Jahr 32 v. Chr. von seinem großen Förderer Maecenas geschenkt. Dort befinden sich auch der *Sacro Bosco*, der „heilige Wald", und die **Bandusia-Quelle**, die in den Oden erwähnt und oft mit dem Nyphäum der Orsini aus dem 15. Jh. identifiziert wird. In einem Brief schwärmt der Dichter von dieser Gegend:

> *„Wenn du dir eine fortlaufende Hügelkette vorstellst, unterbrochen durch ein schattiges Tal, so, dass die aufgehende Sonne*

die rechte Seite sieht, beim Fortgang auf scheidendem Wagen aber die linke Seite wärmt, so dürftest du das Klima gewiss loben. Und was würdest du erst sagen, wenn du weißt, dass die Hecken in Fülle rote Kirschen und Pflaumen tragen? Dass Eiche und Steineiche mit vielfältiger Frucht das Vieh erfreuen und den Besitzer mit vielfachem Schatten? Du könntest wohl sagen, Tarent sei mit seinem Grün näher an Rom herangerückt! Dazu strömt hier eine Quelle, reich genug, einem Bach seinen Namen zu geben – der Hebros fließt weder kühler noch reiner durch Thrakien –, die einem kranken Kopf und dem Magen hilft. Dieser Zufluchtsort, so freundlich, ja wenn du mir glauben kannst, so bezaubernd, erhält mich unversehrt für dich, selbst in Septembertagen." (epist. 1,16,5–16)

MANDELA: Die Ortschaft, die bei Horaz *Pagus Mandela* heißt und diesen Namen seit 1870 wieder trägt, liegt auf einer Anhöhe zwischen dem Gießbach Licenza und dem Fluss Arrone in einer wunderschönen Landschaft zwischen den *Monti Lucretili* und den *Monti Simbruini*.

VICOVARO: Die Römer gruben hier ein ausgeklügeltes System von Tunneln in den Traventin-Stein, um die **Wasserleitungen Aqua Marcia und Aqua Claudia** durch den Felssturz hindurch nach Tivoli und von dort aus weiter nach Rom zu führen. Auf einer Steilwand aus Travertin über der engsten Stelle des Aniene liegt das ehemalige **Kloster San Cosimato.** Seit den ersten Jahrhunderten der christlichen Zeitrechnung siedelten Eremiten am Steilhang von San Cosimato und bildeten im Inneren der Felshöhlen und in den Stollen des claudischen Aquädukts kleine Gemeinschaften. Auch der hl. Benedikt soll sich hier aufgehalten haben und die Überlieferung verortet hier die Episode mit dem vergifteten Wein.
Die Mönchsgemeinschaft von San Cosimato (hinter dem Namen verbergen sich die heiligen Ärzte Cosmas und Damian) errichtete zwischen den römischen Ruinen oberhalb der Felswand zunächst eine Kirche und dann ein Kloster, das um das Jahr 1000 herum zu großer Macht und Berühmtheit gelangte, um dann nach einer wechselhaften Geschichte zunächst stillgelegt und dann im 18. Jh. wiederaufgebaut zu werden. Heute gehört es den Franziskanern. Eine erste Gruppe von Höhlen ist von dem Platz vor dem Kloster aus zugänglich; die übrigen Höhlen und die *Aqua Claudia* sind von der *Oasi Francescana* aus über eine kleine Treppe erreichbar.
Besichtigungen (nur mit Führung möglich) müssen mindestens eine Woche vorher in der Oasi Francescana gebucht werden: Tel. 0774-492391.

Der vergiftete Wein

Der heilige Benedikt in San Cosimato

In den Dialogen wird davon berichtet, dass Benedikt von den Mönchen eines Klosters, das „nicht weit entfernt" von seiner Einsiedelei in Subiaco lag und dessen Abt gestorben war, gebeten wurde, ihr Abt zu werden. Der Überlieferung nach soll es sich dabei um das Kloster San Cosimato gehandelt haben. Das Wunder wird als ein Fingerzeig Gottes gedeutet, dass Benedikt sich keine unrealistischen Ziele setzen und seine Kräfte nicht mit dem Versuch vergeuden soll, verirrte Mönche zurückzuführen, sondern sich auf Werke konzentrieren soll, die der menschlichen Begrenztheit Rechnung tragen und gute Aussicht auf Erfolg bieten. Hören wir, wie Papst Gregor in den *Dialogen* von dieser Begebenheit erzählt:

[Nachdem Benedikt drei Jahre als Einsiedler gelebt hatte,] konnte die Saat der Tugenden wachsen, und der Mann Gottes brachte reiche Frucht wie von Dornen gereinigtes bearbeitetes Land. Der Ruf seiner beispielhaften Lebensweise breitete sich aus, und sein Name wurde berühmt. Nicht weit entfernt lag ein Kloster; der Abt dieser Gemeinschaft war gestorben. Alle Brüder kamen nun zum ehrwürdigen Benedikt und baten ihn inständig, er möge ihr Oberer werden. Er lehnte ab, sträubte sich lange und sagte ihnen voraus, dass ihre Lebensweise mit der seinen nicht zusammenpasse. Schließlich gab er ihren Bitten nach und sagte zu. In diesem Kloster achtete er auf ein Leben nach der Regel, so dass keiner mehr wie früher durch unerlaubtes Handeln vom Weg des klösterlichen Lebens nach rechts oder links abweichen durfte. Da gerieten die Brüder, deren Leitung er übernommen hatte, in sinnlose Wut. Sie begannen, sich Vorwürfe zu machen, dass sie ihn gebeten hatten, ihr Vorsteher zu sein. Ihre Verkehrtheit stieß sich an seiner Geradheit. [...] Deshalb suchten sie nach einer Gelegenheit, ihn umzubringen. Sie berieten miteinander und mischten dann Gift in den Wein.

Als das Glas mit dem vergifteten Trank nach dem Brauch des Klosters bei Tisch dem Abt zur Segnung gebracht wurde, streckte Benedikt die Hand aus und machte das Zeichen des Kreuzes.

Auf dieses Zeichen hin zerbrach das Glas, das in einiger Entfernung gehalten wurde, als hätte er nicht das Kreuz gemacht, sondern einen Stein auf das Gefäß des Todes geworfen. Sofort erkannte der Mann Gottes, dass darin ein todbringender Trank gewesen war, weil das Glas das Zeichen des Lebens nicht hatte ertragen können.

Da erhob er sich, rief die Brüder zusammen und sagte mit friedfertigem Blick und gelassenem Sinn: „Der allmächtige Gott erbarme sich euer, Brüder. Warum habt ihr mir das antun wollen? Habe ich euch nicht vorher schon gesagt, dass eure und meine Lebensweise nicht zusam-

Vicovaro, Felsenkapelle der Eremiten von San Cosimaro

menpassen? Geht und sucht euch einen Abt nach eurer Art. Denn nach allem, was geschehen ist, könnt ihr mich nicht mehr halten."
Dann kehrte er an die Stätte seiner geliebten Einsamkeit zurück. Allein, unter den Augen Gottes, der aus der Höhe hernieder schaut, wohnte er in sich selbst. […]

Während der Kaiserzeit flossen durch elf Aquädukte oder Wasserleitungen pro Tag eine Million Kubikmeter Wasser nach Rom, das waren für jeden Einwohner der Stadt etwa 1000 Liter. Dieser Überfluss an Wasser trug Rom den Namen *Regina Aquarum* ein: „Königin der Wasser".

Außer in den Privathaushalten brauchte man das Wasser für die Thermen, die monumentalen Brunnen und sogar für zwei Naumachien, in denen nachgestellte Seeschlachten ausgetragen wurden. In den ersten Jahrhunderten benutzte Rom das Wasser aus dem Tiber oder aus Brunnen. Mit zunehmender militärischer Macht erhöhte sich auch der Bedarf an Trinkwasser und die Römer waren gezwungen, das Wasser aus immer weiter entfernten Quellen in die Stadt zu schaffen.

Die Aquädukte, die über fünf Jahrhunderte erbaut wurden – die erste dieser Wasserleitungen konstruierte Appius Claudius 312 v. Chr. –, waren zusammengenommen 350 Kilometer lang; aber nur 47 Kilometer verliefen oberirdisch. Die Bautechnik war hochentwickelt und blieb noch über 1000 Jahre nach dem Untergang des römischen Imperiums unerreicht. Der Anfang eines Aquädukts, das Quellhaus oder *Caput Aquae*, bestand, wenn das Wasser aus einer oberirdischen Quelle oder direkt aus einem Fluss entnommen wurde, aus einem Sammelbecken mit künstlichen Dämmen oder Staumauern; befanden sich die Quellen hingegen unter der Erde, führte ein System aus Brunnen und Stollen die Wasserader zu einem einzigen Kanal zusammen. In den *Piscinae limariae*, riesigen Klärbecken, wurde das Wasser von den gröbsten Verschmutzungen gereinigt und floss erst dann in den eigentlichen Leitungskanal, den *Specus*. Dieser war in den Boden gegraben, mit Mauerwerk ausgekleidet und mit einem Bewurf aus Kalk und Ziegelstückchen abgedichtet. Um den stetigen Fluss des Wassers zu gewährleisten, war ein konstantes Gefälle notwendig: Dies erreichte man mithilfe von Arkaden und unterirdischen Leitungen. Orographische Hindernisse wurden umgangen, was den gewundenen Lauf vieler Aquädukte erklärt.

Die Bauzeiten waren rekordverdächtig: Die 69 Kilometer lange *Aqua Claudia* wurde in knapp 14 Jahren erbaut; die 90 Kilometer lange *Aqua Marcia* in nur vier Jahren. In der Stadt mündeten die Aquädukte in die sogenannten *Castella Aquae*: Speicherbecken, von denen aus das Wasser auf die verschiedenen Stadtviertel verteilt wurde.

Plinius der Ältere schreibt über diese technischen Meisterwerke: „Wenn sich einer den Überfluss an Wasser im öffentlichen Bereich – in Bädern, Fischteichen, Kanälen, Häusern, Gärten und stadtnahen Landgütern – und die Wege, die das Wasser durchläuft, die errichteten Bögen, die durchgrabenen Berge und eingeebneten Täler genau vergegenwärtigt, dann wird er gestehen, dass es auf dem ganzen Erdkreis nie etwas Bewundernswerteres gegeben hat." (Naturalis historia XXXVI, Kap. 123)

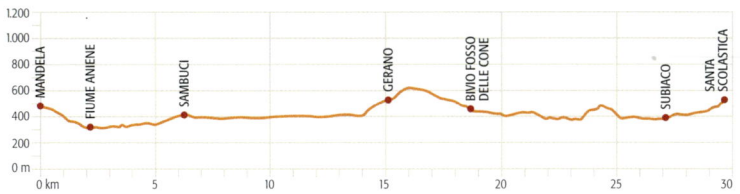

Informationen

Gerano: *Gemeindeamt*, Tel. 0774-798002

Subiaco: *Pro Loco*, Via Cadorna, Tel. 347-8152138 / 347-3886955
Den Stempel für den Pilgerpass erhalten Sie im *Sacro Speco*, dem Kloster des hl. Benedikt.

Unterkünfte

Cerreto Laziale: *BB Tricolore*, Via della Libertà, 17 (in der Ortsmitte), Tel. 339-1680294 / 348-3135982 (*Signor* Innocenzo). 6 Betten in 3 Doppelzimmern, BB € 30 pro Person. Küchenbenutzung. Im Oktober und November geschlossen.

Gerano: *Apostole della Sacra Famiglia*, Via dei Mazzocchi 5, Tel. 0774-798000 (Schwester Immacolata), infogerano@apostolesacrafamiglia.it; Pilgerunterkunft mit 20 Betten in Zimmern mit Bad. Nehmen Sie auf dem Weg in die Ortsmitte den ersten Abzweig rechts. Zimmer in den Sommermonaten nur eingeschränkt verfügbar.

Subiaco (Pilgerunterkünfte):
Convento di San Francesco, Via San Francesco, Tel. 0774-85542; 45 Betten in Doppelzimmern, Gemeinschaftsbad. Von Schwestern geführt, eigene Bettwäsche erforderlich.
Monastero di Santa Scolastica, Tel. 366-3633142 (Don Marco); 10 Betten in klösterlichem, spartanischem Ambiente, eigene Bettwäsche erforderlich.
Casa di preghiera San Biagio, Tel. 0774-84856 (Sr. Maria Letizia); von Salesianerinnen geführt, ein Ort der Stille, der zur Einkehr einlädt. Eigene Bettwäsche erforderlich. Zu Fuß: Von der oberen Esplanade des *Sacro Speco* führt im Rücken der Statuen des hl. Benedikt ein steiler Pfad zum *Monte Talèo* hinauf, über den Sie in 5 Min. die Einsiedelei erreichen.
Sacro Speco (Kloster des hl. Benedikt), 5 Zimmer im Gästehaus. Schicken Sie eine E-Mail mit den Daten Ihrer An- und Abreise, der Anzahl der Personen und Ihrer Telefonnummer an sacrospeco@tiscali.it zu Händen von Pater Josef. Eigene Bettwäsche erforderlich. Auch dies ist ein Ort der inneren Einkehr: Stellen Sie sich darauf ein und respektieren Sie diese heilige Stätte. Nur für Männer.

Subiaco (kommerzielle Unterkünfte): *Foresteria di Santa Scolastica*, Tel. 0774-85569, foresteria@benedettini-subiaco.it; 100 Betten in Zimmern mit Bad, BB 37 €, HP 50 € pro Person, mit Pilgerpass 10 Prozent Skonto. Gegenüber dem Klostereingang.
Pensione Ristorante Aniene, Tel. 0774-85565, albergo.aniene@libero.it; 15 Betten. Im Ort an der Hauptstraße, 250 m hinter dem Triumphbogen in der Nähe der Kathedrale.
Agriturismo La Parata, Tel. 0774-822748 / 329-8263737 (Franco), laparata@alice.it; 2 Zimmer mit Doppelbett und Bad, Zustellbett möglich. BB € 30; HP € 50 pro Person. An der Via dei Monasteri, vom Ortsende noch etwa 600 m, Eingang auf der rechten Seite vor der Bar *Checchina*.
BB Ristorante Belvedere, Tel. 0774-85531 / 338-2852864 (Antonella), info@belvederesubiaco.com; 3 Zimmer mit Doppelbett, BB pro Person 35 € im Doppelzimmer, 30 € im Dreibettzimmer, 25 € im Vierbettzimmer. An der Via dei Monasteri, gleich hinter der Bar *Checchina*, Treppe auf der linken Seite.

Eine lange, aber einfache Etappe, die zur Gänze über fast unbefahrene kleine Straßen führt. Wer die Etappe in zwei Hälften aufteilen möchte, kann im Giovenzano-Tal – in Cerreto Laziale oder in Gerano – übernachten. Am Ziel erwartet uns Subiaco, wo der hl. Benedikt für 30 Jahre gewirkt hatte. Es ist angebracht, dem Ort einen Tag zu widmen. Deshalb sollte es kein Problem sein, wenn Sie erst am Abend eintreffen. Und von der langen Etappe können Sie sich in Subiaco körperlich und geistig gut erholen.

Wegbeschreibung

In der Ortsmitte von Mandela nehmen wir die Straße Richtung Vicovaro. Nach 500 m gehen wir an der Abzweigung links und folgen der Straße, die bergab unter der Autobahn hindurchführt und schließlich auf die Staatsstraße *Tiburtina Valeria* stößt; hier gehen wir rechts und überqueren nach 250 m kurz vor dem Bahnhof von Mandela die Eisenbahn und den Fluss Aniene. Von San Cosimato kommend folgen wir hinter der *Oasi Francescana* weiter der *Tiburtina Valeria* an der Mautstation vorbei bis zum Bahnhof; hier überqueren wir rechts den Bahnübergang und den Fluss Aniene und sind nun wieder auf dem Benediktweg.

Gleich hinter der Brücke folgen wir den Schildern nach Sambuci und biegen rechts ab. Nun geht es 4 km über die stets leicht ansteigende Straße immer am Bach Giovenzano entlang bis zur Abzweigung nach **Sambuci**. Hier gehen wir zunächst noch 50 m geradeaus bis zur nächsten Gabelung, wo wir links den Schildern nach Gerano folgen. Nun gehen wir 6 km über eine sehr angenehme kleine Straße, die praktisch keine Steigung hat und kaum befahren ist. Wir kommen dabei an einem links am Hang sichtbaren Zypressenwald vorbei und am Ende bis zu einer Kreuzung mit einem Brunnen auf der rechten Seite, an dem wir unseren Durst stillen und die Wasserflaschen auffüllen können. Wenn man hier links abbiegt, kann man das hübsche Dorf **Cerreto Laziale** besuchen, das auf einem Hügel über dem Giovenzano-Tal liegt; wir gehen jedoch weiter geradeaus und gelangen schon bald ins Gewerbegebiet von **Gerano**.

An der zweiten Kreuzung halten wir uns rechts und nehmen die Steigung in Angriff, die uns hinauf ins charakteristische Zentrum führt; ein Besuch lohnt sich auf jeden Fall. Von der zentralen Piazza della Vittoria aus folgen wir den Hinweisschildern nach Rocca Santo Stefano in die Via Subiaco. Kurz hinter dem Friedhof gehen wir rechts eine steile Straße hinauf (30 Prozent Steigung! – Ortschaft La Fossa), bis sie in die Hauptstraße mündet; hier halten wir uns rechts. Es geht weiter bergauf; rechts können wir die *Monti Prenestini* bewun-

dern; von einem Aussichtspunkt aus haben wir einen herrlichen Blick auf Rocca Santo Stefano, Subiaco und die *Monti Simbruini*.

Wir folgen der Straße für weitere 2,5 km und gelangen über mehrere Serpentinen schließlich hinunter ins Tal (*Fosso delle Cone*). Hier nehmen wir die kleine Asphaltstraße links, die fast dauernd mitten durch den Wald am Bach entlang bergab führt, bis wir nach 4 km an die Straße kommen, die von Rocca Santo Stefano nach Subiaco führt. Hier biegen wir links ab, gehen über eine kleine Brücke und dann etwa 1 km mit 15 Prozent Steigung bergauf. Am höchsten Punkt angelangt, geht es mit etwa demselben Gefälle wieder bergab durch einen schönen Eichenwald Richtung Subiaco.

Unten in der Ebene liegt unterhalb des Klosters San Francesco rechts der Straße ein Friedhof; wir gehen die gesamte Friedhofs-mauer entlang und noch 50 m weiter geradeaus, bis wir kurz vor einer Brücke rechts abbiegen; dabei kommen wir an einem kleinen Brunnen vorbei. Nach weiteren 100 m, die uns immer näher an den Aniene zu unserer Linken heranführen, überqueren wir den Fluss schließlich auf der mittelalterlichen Brücke *Ponte di San Francesco*. Dahinter gehen wir rechts und betreten durch einen Bogen die Alt-stadt von **Subiaco**. Zu den Benediktinerklöstern kommen wir, wenn wir von der Piazza del Campo aus rechts abbiegen und etwa 1 km weit bis zum Ortsausgang gehen. An der Gabelung folgen wir den Schildern nach Jenne und biegen links ab; dann gehen wir unmittel-bar vor den Ruinen der Nero-Villa eine kleine Treppe hinauf, die zwei Serpentinen der Provinzstraße kreuzt und uns zum Eingang von Santa Scolastica führt. Um zum *Sacro Speco* zu gelangen, folgen

wir von Santa Scolastica aus weiter der Straße nach Jenne; nach etwa 400 m kommt auf der linken Seite eine von mehreren kleinen Treppen, welche die Serpentinen abkürzen und uns so auf schnellstem Wege zum *Speco* bringen.

Sehenswürdigkeiten

GERANO: Ein ursprünglicher Ort im Tal des Giovenzano, wo der Mensch im Einklang mit der Natur lebt. Hier ist die Tradition noch so lebendig wie eh und je. Das beweist die ***Fiera di Sant'Anatolia***, die am 9. und 10. Juli stattfindet: eines der ältesten Patronatsfeste in Latium, zu dem Jahr für Jahr Sinti und Roma aus ganz Europa zusammenströmen, um den Gedenktag ihrer Schutzheiligen zu begehen. Doch das bedeutendste Ereignis ist vielleicht die ***Infiorata***, die seit 270 Jahren ohne Unterbrechung immer am ersten Sonntag nach dem 25. April begangen wird: ein Blumenfest zu Ehren der *Madonna del Cuore*, eines Gemäldes von Sebastiano Conca (1680–1764), das unter wundersamen Umständen 1729 nach Gerano gekommen sein soll. Schon 1740 wurde das Bild in einer Prozession durch die Straßen des Dorfs getragen, und die zu diesem Anlass gelegten Blumenteppiche wurden rasch so berühmt, dass man die *Infioratori* von Gerano 1789 vor dem Besuch Pius' VI. nach Subiaco kommen ließ, damit sie die Straße unter dem eigens für den Papst errichteten Triumphbogen ebenfalls mit einem Blumenteppich schmückten. Dasselbe wiederholte sich, als etwa zwei Jahrhunte später, 1980, Johannes Paul II. die Stadt besuchte. Die Blumenteppiche von Gerano unterscheiden sich von den andernorts zu Fronleichnam üblichen *Infiorate* durch ihren ausgeprägt marianischen Charakter. Das Fest beginnt am Nachmittag des Vortags mit der Zeremonie der **Calata**, der „Herablassung", wenn zwei Priester das Gemälde, welches das restliche Jahr über nicht zu sehen ist, zum Gesang des *Ave Maris Stella* von der Wand nehmen und buchstäblich zu den Gläubigen herablassen.

Die ganze Nacht über arbeiten sämtliche Bewohner von Gerano an dem riesigen Blumenteppich. Am Sonntag bei Morgengrauen verkünden Knallkörper und das Läuten der Glocken den Anbruch des Festtages. Nach dem feierlichen Hochamt zieht dann zur Mittagszeit die Prozession durch die Straßen des Dorfs und endet damit, dass das Gnadenbild über den Blumenteppich getragen wird.

Das Fest dauert den ganzen Nachmittag über und endet erst am Abend mit der **Sciarrata**, der „Zerstörung" des Blumenteppichs durch die Kinder, die sich auf die bunten Flächen stürzen, die Bilder zertrampeln und einander schreiend und lachend mit Blüten und Blättern bewerfen.

Das **Museo dell'infiorata** ist einen Besuch wert; es beherbergt eine bedeutende Sammlung an Fotografien. Ein weiteres Museum, das es in Italien kein zweites Mal gibt, ist die **Casa delle antiche scatole di latta**, das „Haus der alten Blechdosen": eine Dauerausstellung von Konfektschachteln, die uns auf eine Reise in die Vergangenheit einlädt, die auch ihre süßen Seiten hat.

Subiaco, der Sacro Speco (Innenhof)

■ Die Architektur der Benediktinerklöster

In der Vorstellung des hl. Benedikt war das Kloster ein Ort der Askese: eine Schule, in der Christus durch den Abt – den Vater und das Vorbild der Gemeinschaft – seine Lehre weitergab.

Wer sich ins Kloster zurückzog, gelobte *Stabilitas*, das heißt, er verpflichtete sich, sein ganzes Leben gemeinsam mit seinen Brüdern an diesem einen Ort zu verbringen. Seelsorgerische Pflichten und Kontakte zu kirchlichen Behörden gehörten nicht zum Mönchsleben: Jedes Kloster war eine autonome Einrichtung, eine „Festung des Glaubens", die sich durch eine strenge Klausur gegen die Außenwelt abschirmte. Deshalb verband die Regel, die Benedikt seinen Mönchen gab, die religiösen Übungen mit praktischen Tätigkeiten, die unerlässlich waren, wenn das Kloster autark sein wollte.

Diese Vorstellung schlug sich auch in der Architektur der Klöster nieder, an der sich ihre Weltabgeschiedenheit sehr gut ablesen lässt: Ein mächtiger Wall umgab die verschiedenen Gebäude der Gemeinschaft, in deren Mitte Kirche und Kapitelsaal lagen: erstere ein Ort des Gebets, letzterer ein Ort der Gemeinschaft und des Austauschs.

Diese an östlichen Vorbildern orientierte Struktur liegt den Klöstern **Santa Scolastica** und **Montecassino** zugrunde. In Felshöhlen hingegen, die schon aufgrund ihrer natürlichen Lage weltabgeschieden waren, musste man lediglich einige zusätzliche Wände einziehen, um den Ort bewohnbar zu machen – und so ist der *Sacro Speco* entstanden.

Wenn die Mönche einen Platz für ein Kloster auswählten, achteten sie sehr auf die natürliche Umgebung: Sie durfte nicht lebensfeindlich und musste dennoch isoliert und allem weltlichen Einfluss möglichst entzogen sein. Die „spontanen" Lösungen wurden schon bald durch eher geometrische Anlagen abgelöst; diese verfestigten sich rasch zu einem einheitlichen Bauplan, der jahrhundertelang praktisch unverändert blieb.

Die Kirche wurde zum Schutz vor den kalten Nordwinden auf der nördlichen Seite erbaut. Im Osten befanden sich die Räume, in denen sich das alltägliche Leben der Mönche abspielte: der Schlafsaal (*Dormitorium*), der Kapitelsaal und das *Calefactorium*, der einzige beheizbare Raum im gesamten Klosterkomplex. Im Süden lagen das *Refektorium* und die Küche, im Westen das Gästehaus und die Vorratskammer. Die Mitte der Anlage bildete der Kreuzgang, ein offener, meist quadratischer und von Säulengängen umschlossener Raum – höchstwahrscheinlich eine Weiterentwicklung des Atriums der römischen *Domus* –, der als Ort der Meditation und Ruhe und als Durchgangsraum zwischen den verschiedenen Bereichen diente. Als Zentrum des gemeinschaftlichen Lebens war er oft der gepflegteste Teil der gesamten Abtei und hat die Innerlichkeit der mönchischen Berufung als ihr architektonisches Spiegelbild so sehr geprägt, dass beide nicht mehr voneinander zu trennen sind.

Subiaco

Endlich sind wir an unserem ersten großen Ziel angekommen: Ein Aufenthalt von mindestens einem Tag ist Pflicht! Subiaco ist ein unverzichtbarer Bestandteil der benediktinischen Erfahrung und ein Konzentrat aus Spiritualität, Geschichte, Kunst und Natur. Sein lateinischer Name, *Sublacum*, bezieht sich auf die drei Seen, die entstanden waren, als das Wasser des Aniene auf Befehl des Kaisers Nero gestaut wurde, der sich hier eine prächtige Villa erbauen ließ.

Als der heilige Benedikt von Nursia Ende des 5. Jhs. hierherkam, war die Gegend bereits christianisiert und es gab einfache Formen des mönchischen Lebens. Benedikt zog sich in eine Grotte am *Monte Talèo* zurück, wo heute das Kloster Sacro Speco liegt; nachdem er drei Jahre als Einsiedler gelebt hatte, gründete er in den Überresten der Nero-Villa San Clemente das erste der 13 Klöster, die er in diesem Tal errichten sollte. Hier erprobte er die monastische Lebensform, die er in der *Regula* beschreibt und die in Montecassino ihre Vollendung fand.

Wenngleich Subiaco vor allem wegen des Benediktinerklosters berühmt ist, lohnt doch auch die Altstadt einen Besuch, deren charakteristische Winkel, Gassen und kleinen Plätze die Zeit unbeschadet überdauert haben. Eine detailliertere Beschreibung der wichtigsten Sehenswürdigkeiten findet sich in jedem guten Reiseführer: Ich werde mich im Folgenden auf einige Hinweise zu den Stätten beschränken, die man auf keinen Fall verpassen darf.

KLOSTER SAN BENEDETTO *(SACRO SPECO)*

Eindrucksvoll oberhalb der *Valle Santa* gelegen, schmiegt sich die „Schwelle des Paradieses", wie Petrarca, oder das „Schwalbennest", wie Pius II. es 1461 genannt hat, an den schroffen Steilhang des *Monte Talèo*. Es besteht aus zwei übereinandergelegenen Kir-

Subiaco, der Sacro Speco

chen und, bedingt durch die Krümmung der Felswand, aus einer unregelmäßigen Abfolge von Kapellen, Bögen und Treppen. Besonders sehenswert sind in der Oberkirche die Fresken der Sieneser Schule (14. Jh.), der Fußboden und die Kanzel; in der Unterkirche die Fresken des „Magister Conxolus" (13. Jh.), die hei-

Porträt des Franz von Assisi in Subiaco

lige Grotte, in der Benedikt drei Jahre lang gelebt hat, das berühmte und anrührende, noch zu seinen Lebzeiten entstandene Fresko-Portrait des hl. Franz von Assisi, die Kapelle der Gottesmutter mit Fresken der Sieneser Schule und die Grotte der Hirten.

Besichtigungszeiten: 9–12.30 Uhr / 15–18 Uhr.

Hl. Messe: werktags um 8 Uhr; sonn- und feiertags um 9.30 und 11 Uhr.

KLOSTER SANTA SCOLASTICA

Es ist das älteste der drei von Benedikt selbst gegründeten Klöster. Ursprünglich dem hl. Silvester geweiht, erhielt es seinen heutigen Namen erst Ende des 14. Jhs. Sein bemerkenswerter Glockenturm ist älter als alle vergleichbaren Bauten in Rom und der Kosmatenkreuzgang ein echtes Juwel. Bedeutend ist außerdem die Bibliothek mit 150.000 Büchern, 213 Inkunabeln, 4000 Pergamenten und dem ersten in Italien gedruckten Buch: Von 1465 an betrieben die deutschen Gutenberg-Schüler Konrad Sweynheim (geb. in Eltville bei Wiesbaden, † 1477) und Arnold Pannartz (geb. in Prag, † 1476) hier die erste italienische Druckerei, ehe sie 1467 nach Rom weiterzogen.

Besichtigungszeiten: 9.30–12.30 Uhr / 15.30–19 Uhr.
Hl. Messe: werktags um 7.45 Uhr (gesungen); gesungene Vesper um
19 Uhr, während der Sommerzeit um 19.30 Uhr. Sonn- und feiertags
um 10 Uhr (gesungen) und um 16.30 Uhr; gesungene Vesper um 19
Uhr, während der Sommerzeit um 19.30 Uhr.

KLOSTER SAN FRANCESCO

Kloster und Kirche wurden auf einem Grundstück errichtet, das Abt
Lando dem hl. Franziskus persönlich zum Geschenk gemacht hatte,
als der *Poverello* aus Assisi 1223 als Pilger zum *Sacro Speco* kam.
Die in typisch franziskanischem Stil erbaute Kirche besitzt hervorra-
gende Fresken von Sodoma und eine wunderschöne *Geburt Jesu*
von Pinturicchio.

BRÜCKE SAN FRANCESCO

Abt Ademaro ließ sie 1358 von dem Lösegeld erbauen, das Tivoli
ihm für die in der Schlacht von Campo d'Arco gemachten Gefange-
nen gezahlt hatte. Sie besteht aus einem einzigen, 37 m breiten Bogen und wird von einem Turm überragt, von dem aus man die angrenzende *Via Sublacensis* kontrollieren konnte – ein bemerkens-
wertes und gut erhaltenes Überbleibsel aus dem mittelalterlichen
Subiaco.

BURG DER BORGIA

Im 11. Jh. als Burg eines Feudalherrn entstanden, ließ sie Kardinal
Rodrigo Borgia (der spätere Papst Alexander VI.) im 15. Jh. befestigen und wohnte dort mit seiner Familie. Hier kamen Cesare und
Lucrezia Borgia zur Welt. Kürzlich wurde im Inneren der Burg das
interessante Druckereimuseum eröffnet: eine multimediale und in-
teraktive Reise durch die Geschichte des Buchdrucks. Hier kann
man an Nachbauten historischer Maschinen selbst „Hand anlegen"
und Näheres über die städtische Papierfabrik erfahren, die Papst
Sixtus V. 1587 einweihte und die über vier Jahrhunderte in Betrieb
war.
Samstags und sonntags von 10–20 Uhr geöffnet.

KONKATHEDRALE SANT'ANDREA

Sie wurde im 18. Jh. auf Wunsch Pius' VI. erbaut, der Subiaco wichtige Gebäude schenkte: Außer der Kathedrale ließ er das Seminar
und das Rathaus errichten, die Papierfabrik vergrößern und die Bor-
gia-Burg restaurieren. Deshalb widmeten ihm die Bürger der Stadt
den Triumphbogen am Stadteingang, den Papst Pius bei seinem
Besuch im Jahr 1789 persönlich einweihte.

Die Natur

Der Flusslauf des Aniene und der Regionalpark *Monti Simbruini* machen Subiaco, abgesehen von seiner einzigartigen spirituellen Bedeutung, auch zu einem wichtigen Zentrum für verschiedene Wasser- und Bergsportarten.

Vivere l'Aniene: Bei einer aufregenden Flussabfahrt auf sicheren Schlauchbooten und in Begleitung erfahrener Guides können Sie die herrliche Flusslandschaft aus einer ungewöhnlichen Perspektive erleben und (allerdings nur im Hochsommer) ein Bad in seinem eiskalten und glasklaren Wasser nehmen. Informationen: *Vivere l'Aniene*, im Zentrum, unter der Brücke Sant'Antonio, Tel. 320-9681006.

Trekking in den *Monti Simbruini*: In der großartigen Bergregion der *Monti Simbruini* kann man interessante Ausflüge unternehmen. Eine empfehlenswerte Kurzwanderung führt zur **Santissima Trinità von Vallepietra** (siehe S. 130/131). Nehmen Sie vom Bahnhof aus an der Piazza Falcone den Bus nach Campo dell'Osso (er verkehrt zweimal am Vormittag; überprüfen Sie die Abfahrtzeiten vorher auf der Homepage der *COTRAL*-Verkehrsbetriebe) und gehen Sie von dort aus zum Aussichtspunkt *Le Vedute* (1750 m), von wo aus Sie einen herrlichen Blick auf das Tal des Simbrivio genießen. Über einen spektakulären Gebirgskamm (Wanderweg 651), der unterhalb des *Monte Autore* entlangführt, erreichen wir zunächst die Esplanade und dann die Wallfahrtskirche zur Allerheiligsten Dreifaltigkeit (1340 m). Der Ausflug dauert etwa drei Stunden zuzüglich einer ca. 40-minütigen Busfahrt.

Von der Wallfahrtskirche aus können Sie denselben Weg zurückgehen und dann wieder mit dem Bus (verkehrt nachmittags nur einmal!) nach Subiaco fahren. Oder Sie folgen der Straße 14,5 km immer bergab bis nach Ponte Castello (4 km hinter dem phantastischen Vallepietra) und biegen dort links in ein Sträßchen ein, von dem der CAI-Wanderweg 692 abzweigt (Via dei Lupi); er führt auf den nächsten etwa 7 km zunächst bergauf zur 975 m hoch gelegenen *Ara Vecchia*, dem „alten Altar", und dann wieder bergab bis nach Trevi. Den ganzen Sommer über wird die Wallfahrtsstätte von zahlreichen Pilgern besucht; mit Isomatte und Schlafsack kann man dort auch übernachten (Brötchen bekommt man an den Verkaufsständen auf der Esplanade; Wasser und Waschräume sind vorhanden). Außerdem gibt es in Vallepietra ein *BB* (Chantal, Tel. 366-1306013 / 0774-899109). Bergausrüstung ist natürlich erforderlich. Besorgen Sie sich in Subiaco eine Ausflugskarte für den Regionalpark *Monti Simbruini*.

Auf den Spuren des hl. Benedikt in Subiaco

Von den allesamt überaus wichtigen Begebenheiten aus der Zeit, die Benedikt in Subiaco gelebt hat (gut acht Kapitel der *Dialoge* spielen hier) habe ich diejenigen ausgewählt, die meiner Ansicht nach die tiefsten Einblicke in die benediktinische Spiritualität gewähren. Wer an einer vollständigen Darstellung interessiert ist, dem empfehle ich, den Text Gregors des Großen zur Gänze zu lesen; die nötigen Informationen finden Sie in den Literaturhinweisen am Ende des Pilgerführers.

Das erste Wunder

Das Wunder von Enfide (dem heutigen Affile) ist ein herausragendes Beispiel für Benedikts gütiges Naturell. Die Verzweiflung seiner geliebten Amme Cyrilla erschütterte ihn so sehr, dass er den Herrn bittet, einzugreifen.

Er gab also das Studium der Wissenschaften auf und war entschlossen, in die Einsamkeit zu gehen. Nur seine Amme, die ihn sehr liebte, folgte ihm. Sie kamen nach Enfide und blieben bei der Kirche des heiligen Petrus. Dort führten viele angesehene Männer ein Leben in Gemeinschaft. Die Amme erbat sich nun von Nachbarinnen ein Sieb, um Weizen zu reinigen, und ließ es unbekümmert auf dem Tisch liegen. Es fiel hinunter und zerbrach in zwei Stücke. Als die Amme zurückkam, bemerkte sie sofort, was geschehen war. Da begann sie heftig zu weinen, weil das Gerät, das sie ausgeliehen hatte, zerbrochen war. Als der junge Benedikt seine Amme weinen sah, hatte er Mitleid wegen ihres Kummers. Er nahm die beiden Teile des zerbrochenen Siebes und begann unter Tränen zu beten; denn er war fromm und liebevoll. Als er vom Gebet aufstand, fand er das Sieb neben sich unversehrt; es zeigte keine Spuren eines Bruches. Sogleich tröstete er die Amme mit freundlichen Worten und gab ihr das Sieb, das er zerbrochen an sich genommen hatte, unversehrt zurück. Dieses Ereignis wurde dort allen bekannt und erregte solche Verwunderung, dass die Einwohner des Ortes das Sieb beim Eingang der Kirche aufhängten. Jetzt und später sollten alle erfahren, wie vollkommen der junge Benedikt in der Kraft der Gnade sein Mönchsleben begann. Viele Jahre war das Sieb dort vor aller Augen und hing noch bis zur Zeit der Langobarden über der Kirchentür.

Subiaco

Um dem Aufsehen zu entgehen, das er durch sein erstes Wunder erregt hatte, zog Benedikt sich allein in die Gegend von Subiaco zurück. Die eremitische Erfahrung

– er verbrachte drei Jahre in einer Höhle am *Monte Talèo* – sollte sich nachhaltig auf seinen spirituellen Reifeprozess auswirken. Wie das Weizenkorn stirbt, um Frucht zu bringen, so starb nun auch der Jugendliche für die Welt, um sich ganz Gott zu weihen, und wurde aus dieser Erfahrung gleichsam neu geboren: zum Abt, Gesetzgeber und Heiligen. Inzwischen schrieb man das Jahr 497. In Subiaco, im Leib der Erde, keimte eine außergewöhnliche Frucht: das benediktinische Abenteuer. Hören wir Papst Gregor:

Benedikt aber wollte lieber die Drangsale der Welt erfahren als ihr Lob, sich lieber in harter Arbeit für Gott abmühen, als durch Gunst und Erfolg im Leben berühmt werden. Deshalb verließ er heimlich seine Amme und zog sich an einen einsamen Ort zurück, der Sublacus heißt, ungefähr vierzig Meilen von Rom entfernt. Dort entspringt eine starke Quelle mit frischem, klarem Wasser. Es sammelt sich in einem weiten See und wird dann zu einem Fluss.

Auf der Flucht dorthin traf ihn unterwegs ein Mönch namens Romanus und fragte ihn, wohin er wolle. Als dieser den Wunsch Benedikts erfuhr, leistete er ihm Hilfe, ohne mit jemand anderem darüber zu sprechen. Er gab ihm das Gewand gottgeweihten Lebens und stand ihm bei, soweit er konnte.

An dem genannten Ort angekommen, zog sich der Mann Gottes in eine ganz enge Höhle zurück und blieb dort drei Jahre. Kein Mensch außer dem Mönch Romanus wusste etwas davon. Romanus lebte nicht weit entfernt in einem Kloster unter der Regel des Abtes Adeodatus. In guter Absicht verschwand er ohne Wissen seines Abtes an bestimmten Tagen für einige Stunden und brachte Benedikt das Brot, das er sich vom Munde absparen konnte. Vom Kloster des Romanus führte aber kein Weg zur Höhle Benedikts, weil der Fels oberhalb der Höhle steil aufragte. Romanus ließ daher das Brot immer von diesem Felsen an einem langen Seil hinab; an dem Strick befestigte er auch eine kleine Glocke, damit der Mann Gottes an ihrem Klang erkennen konnte, dass ihm Romanus das Brot brachte. Dann kam er heraus, um es anzunehmen. […]

Da wollte der allmächtige Gott Romanus von seiner Mühe ausruhen lassen und das Leben Benedikts den Menschen als Beispiel vor Augen führen. Wie ein Licht sollte er auf den Leuchter gestellt werden, hell brennen und allen im Haus leuchten. Darum offenbarte sich der Herr einem Priester, der weit entfernt wohnte und sich am Osterfest ein Mahl zubereitete. Er sagte zu ihm: „Du bereitest dir hier Köstlichkeiten, und mein Diener wird dort vom Hunger gequält." Sofort stand der Priester auf und machte sich noch am Osterfest mit den Speisen, die er für sich zubereitet hatte, auf den Weg. Er suchte den Mann Gottes in den steilen Felsen, in den Talgründen und in den Schluchten. Schließlich fand er ihn in der Höhle verborgen. Sie beteten miteinander, priesen den allmächtigen Herrn und setzten sich nieder. Nach beglückendem Ge-

*spräch über das wahre Leben sagte der Priester, der gekommen war:
„Auf! Wir wollen Mahl halten, denn heute ist Ostern." Der Mann Gottes gab zur Antwort: „Gewiss! Es ist Ostern, denn ich durfte dich sehen." Er wusste nämlich nicht, dass auf jenen Tag das Osterfest fiel; so
weit hatte er sich von den Menschen entfernt. Der ehrwürdige Priester
versicherte ihm aufs Neue: „Heute ist Ostern, der Tag der Auferstehung
des Herrn. Da darfst du nicht fasten; denn dazu bin ich gesandt, dass
wir gemeinsam die Gaben des allmächtigen Herrn genießen." Da priesen sie Gott und hielten Mahl. [...]
Damals entdeckten ihn auch Hirten in der Höhle, wo er sich verborgen
hielt. Als sie ihn mit Fellen bekleidet im Gestrüpp erblickten, meinten
sie zunächst, er wäre ein wildes Tier. Bald aber erkannten sie ihn als
Diener Gottes. Da ließen viele von ihrer rohen Gesinnung ab und
wandten sich der Gnade eines frommen Lebens zu. Dadurch wurde sein
Name in der Umgebung allen bekannt. So kam es, dass er schon damals
von vielen aufgesucht wurde. Sie brachten ihm Nahrung für den Leib
und nahmen in ihrem Herzen dafür aus seinem Mund Nahrung für das
Leben mit. [...]*

Die zwölf Klöster

Nach der Erfahrung als Abt eines fremden Klosters (siehe Etappe 9) kehrt Benedikt
den abtrünnigen Mönchen den Rücken und geht zurück in seine Höhle. Doch nur
noch für kurze Zeit: Eine Schar von Jüngern, die wirklich entschlossen sind, Gott
in einer Gemeinschaft zu suchen, bringt ihn dazu, organisierte Klosterstrukturen
zu schaffen. Er lässt 12 Klöster erbauen, aber in erster Linie erbaut er Menschen.
Das abendländische Mönchtum ist geboren.

*In der Einsamkeit wuchs der heilige Mann in der Tugend und tat immer
größere Zeichen. Es sammelten sich dort bei ihm viele Menschen, um
dem allmächtigen Gott zu dienen. So ließ Benedikt mit der Hilfe des
allmächtigen Herrn Jesus Christus zwölf Klöster errichten. In jedes
Kloster schickte er zwölf Mönche und setzte für jede Gemeinschaft einen Abt ein. Nur wenige Mönche behielt er bei sich, die nach seinem
Urteil für seine persönliche Leitung und Weisung besonders empfäng-
lich waren. Da kamen erstmals auch vornehme und fromme Römer zu
ihm und brachten ihre Söhne, damit er sie für den allmächtigen Gott
erziehe. Euthicius übergab ihm seinen Sohn Maurus, der Patrizier
Tertullus seinen Sohn Placidus. Beide berechtigten zu großen Hoffnungen. Maurus war noch jung, hatte aber schon einen reifen Charakter
und wurde bald der Helfer des Meisters; Placidus hingegen war fast
noch ein Kind.*

Das vergiftete Brot, die Tänzerinnen, Aufbruch aus Subiaco

In Subiaco wirkt Benedikt zahlreiche Wunder: Er treibt einen Dämon aus, lässt wie ein zweiter Mose Wasser aus dem Felsen sprudeln und erreicht durch sein Gebet, dass sein Schüler Maurus über das Wasser des Sees schreitet und den jungen Placidus vor dem Ertrinken rettet. All das erregt den Neid eines ortsansässigen Priesters namens Florentius, der zunächst versucht, Benedikt das Leben zu nehmen. Als dies misslingt, versucht er die Moral der Mönche zu untergraben. Auch in diesem Fall lässt Benedikt sich nicht aus der Ruhe bringen; er verlässt Subiaco und macht sich auf den Weg nach Montecassino. Wie in der Episode mit dem vergifteten Wein erwächst aus einem Übel ein umso größeres Gut. Während Florentius seine gerechte Strafe erhält, kann Benedikt sein Projekt vollenden und jene Regel des gemeinschaftlichen Lebens diktieren, die – aus der Erfahrung von 30 Jahren in Subiaco gereift – nun in Montecassino ihre endgültige Form und Anwendung findet.

In jener Gegend hatte sich bereits weit und breit die Liebe zu unserem Herrn und Gott Jesus Christus entzündet. Viele verließen das Treiben der Welt und beugten sich unter das sanfte Joch des Erlösers. Die Schlechten aber beneiden immer die anderen um die Frucht der Tugend, um die sie sich selbst nicht mühen. So verhielt es sich auch mit Florentius, dem Priester einer benachbarten Kirche, dem Großvater unseres Subdiakons Florentius. Von der Bosheit des Alten Feindes angestachelt, war er eifersüchtig auf das Wirken des heiligen Mannes. Er fing an, dessen Mönchsleben zu verleumden und, wenn er eben konnte, jeden von einem Besuch bei ihm abzuhalten. Florentius musste schließlich einsehen, dass er dem Ansehen Benedikts nicht entgegenwirken konnte. Der gute Ruf von dessen Mönchsleben verbreitete sich immer mehr und unablässig fühlten sich viele durch die Kunde über ihn zu einer besseren Lebensgestaltung gerufen. Florentius aber verzehrte sich mehr und mehr in der Flamme des Neides und wurde immer boshafter; denn das Lob für die Lebensweise Benedikts hätte er gern selbst eingeheimst, aber ein lobenswertes Leben führen wollte er nicht. Blind vor finsterem Neid ging er so weit, dem Diener des allmächtigen Gottes vergiftetes Brot zu senden, als wäre es gesegnetes Brot. Mit einem Dankgebet nahm es der Mann Gottes an, doch blieb ihm nicht verborgen, welches Unheil sich darin verbarg. Zur Stunde der Mahlzeit flog immer ein Rabe aus dem nahen Wald herbei und erhielt Brot aus der Hand Benedikts. Der Rabe kam nun wie üblich; der Mann Gottes warf ihm das Brot vor, das der Priester ihm geschickt hatte, und trug ihm auf: „Im Namen unseres Herrn Jesus Christus: Nimm dieses Brot und wirf es an einer Stelle weg, wo es kein Mensch findet!" Da sperrte der Rabe seinen Schnabel auf, spreizte seine Flügel und hüpfte krächzend um das Brot herum, als müsste er deutlich machen, dass er zwar gehor-

chen wolle, den Befehl aber nicht ausführen könne. Wieder und wieder befahl ihm der Mann Gottes: „Heb es auf, heb es ruhig auf und wirf es dort weg, wo niemand es finden kann!" Nach langem Zögern fasste es der Rabe endlich mit dem Schnabel, hob es auf und flog davon. Drei Stunden später kam er ohne das Brot zurück und erhielt nun wie gewohnt aus der Hand des Mannes Gottes sein Futter. Der ehrwürdige Vater sah, dass ihm der Priester nach dem Leben trachtete, und er litt mehr um ihn als um sich.

Da Florentius den Leib des Meisters nicht töten konnte, setzte er alles daran, die Seelen der Jünger zu verderben. So schickte er in den Garten des Klosters sieben nackte Mädchen. Sie sollten sich an den Händen halten und längere Zeit vor den Augen der Brüder tanzen, um deren Herzen zur Wollust zu entfachen. Das sah der heilige Mann von seiner Zelle aus und er fürchtete sehr, die noch ungefestigten Jünger könnten zu Fall kommen. Er erkannte, dass der Priester eigentlich nur ihm nachstellte. Da überließ er dem Neid das Feld. Er ordnete alles in den Klöstern, die er gegründet hatte, setzte Obere ein und wies ihnen Brüder zu. Nur wenige Mönche nahm er mit und zog an einen anderen Ort. Kaum war der Mann Gottes in Demut vor dem Hass des anderen gewichen, da schlug diesen der allmächtige Gott furchtbar. Der Priester stand auf seinem Balkon, sah, wie Benedikt fortzog, und triumphierte vor Freude. Da stürzte der Balkon ein, auf dem er stand, erschlug ihn und vernichtete so den Feind Benedikts; das ganze Haus blieb sonst unbeschädigt stehen.

Der heilige Vater Benedikt war noch nicht ganz zehn Meilen entfernt; da wollte Maurus, der Jünger des Mannes Gottes, ihm dies sofort mitteilen: „Komm zurück! Der Priester, der dir nachgestellt hat, ist vernichtet." Als der Mann Gottes Benedikt das hörte, begann er bitter zu klagen, weil sein Feind umgekommen war, aber auch, weil der Jünger über den Tod des Feindes jubelte.

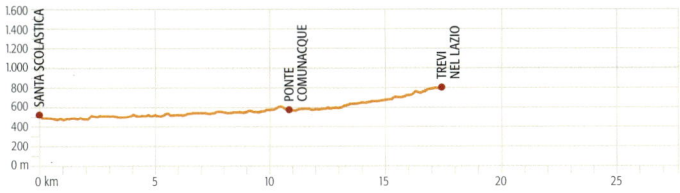

Informationen

Trevi nel Lazio: *Gemeindeamt,* Tel. 0775-527001
Amico del Cammino: Vincenzo, Tel. 333-6133393

Unterkünfte

Trevi nel Lazio: Im Ortszentrum gibt es keine Unterkünfte; die folgenden zwei Quartiere befinden sich 2 km außerhalb des Ortes in der Ortschaft Fonte Suria an der Straße nach Filettino:
Suore Oblate del Sacro Cuore di Gesù (Oblatenschwestern des heiligsten Herzens Jesu), Tel. 347-0021726 (Schwester Amalia) / 0775-528029; 50 Betten in Zimmern mit Bad; für Gruppen und Kleingruppen; Ü 20 € pro Person inklusive Bettwäsche, 15 €, wenn man seine eigene Bettwäsche mitbringt. Pilgerunterkunft. Rufen Sie mindestens ein paar Tage vorher an. *Albergo il Parco,* Tel. 0775-527449 / 340-4107215 / 338-4620332. BB 50 € pro Doppelzimmer, 30 € pro Einzelzimmer. Abendessen für Pilger 15 €; 500 m hinter dem Schwesternhaus.

Eine ganz leichte und landschaftlich großartige Etappe, die am Fluss Aniene entlang mitten durch den *Regionalpark Monti Simbruini* führt. Es geht beständig, aber fast unmerklich bergauf; von Santa Scolastica bis nach Ponte Comunacque tauchen wir in eine ursprüngliche, von zahlreichen Wasserläufen und dichter Vegetation geprägte Natur ein.

Wegbeschreibung

Vor dem Eingang zum Kloster Santa Scolastica folgen wir den CAI-Beschilderungen zur Nero-Villa und biegen in eine gepflasterte Gasse ein, die sanft bergab führt. Zwischen Kloster und Gästehaus hindurch können wir die kleine Treppe zur Straße hinunter nehmen und uns so eine Serpentine sparen.

Dann gehen wir links und biegen hinter der nächsten Serpentine vor den Ruinen der Nero-Villa links in ein Sträßchen ein, das zum *Laghetto di San Benedetto* führt und auch entsprechend beschildert ist. Nach 400 m können wir, wenn wir wollen, einen kleinen Abstecher zum See machen; hierzu nehmen wir den ausgeschilderten Fußweg auf der rechten Seite, überqueren den Aniene auf einer kleinen Eisenbrücke und biegen dann links in den Pfad ein, der etwa 200 m am Fluss entlang zum See führt. Das winzige Gewässer wird von einem kleinen Wasserfall mit herrlich klarem Wasser gespeist; es ist ein stiller, kühler Ort des Friedens, den wir nur ungerne wieder verlassen – doch auf unserer heutigen Etappe erwarten uns noch weitere bezaubernde Orte.

Wir kehren zum Ausgangspunkt unseres Abstechers zurück auf die kleine Asphaltstraße, die schon bald zum Schotterweg wird. Wir bleiben auf dem Hauptweg und gehen über eine für Naturliebhaber überaus reizvolle Strecke von 11 km immer den rechts von uns fließenden Aniene entlang durch herrliche Wälder. Zwischendurch stoßen wir immer wieder auf Interessantes: die *Mola Vecchia* (die Überreste einer antiken Mühle); Wasserfälle, Quellen, eine schöne Steinbrücke aus römischer Zeit und zahlreiche Gelegenheiten, zum Fluss hinunterzusteigen. In der Ortschaft Ponte Comunacque geht unser Schotterweg in eine asphaltierte Straße über; wir überqueren sie und biegen in den Fußweg auf der gegenüberliegenden Seite ein. Nach 50 m überqueren wir eine kleine römische Brücke, die über den Bach Simbrivio führt und früher das Gebiet von Trevi mit dem von Jenne und Subiaco verband. Dies hier ist alles archäologisches Gelände; hier befand sich die Wasserentnahmestation (das Quell-

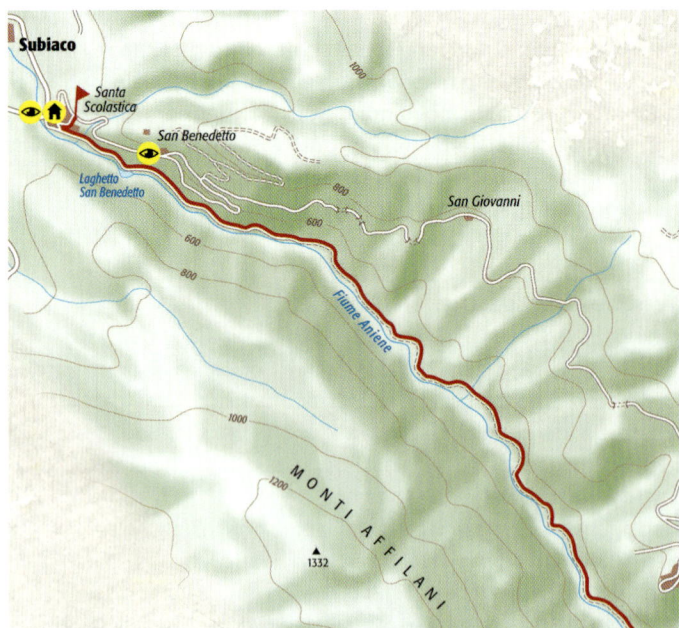

Der Aniene zwischen Subiaco und Comunacque

haus) für das Aquädukt *Anio Novus*, und es gibt einen kleinen Wasserfall und die Überreste eines römischen Sees zu sehen.

Nachdem wir die kleine Brücke überquert haben, gehen wir nach links (rechts kommt man nach 200 m zum Wasserfall: ein Abstecher, der sich lohnt!); wir stoßen auf eine kleine Ruine: Hier beginnt ein Fußweg, der etwa 100 m aufwärtsführt. Dann biegen wir rechts in einen breiteren und besser ausgetretenen Pfad ein, überqueren eine abschüssige Wiese und gelangen am Wasserkraftwerk vorbei wieder auf die Provinzstraße. Hier gehen wir links und folgen der Provinzstraße für die nächsten 2,5 km, bis wir auf der rechten Seite an einen bergab führenden Feldweg kommen. Ihn gehen wir ca. 300 m immer bergab, bis wir unweit der Brücke *Ponte delle Tartare* auf die Provinzstraße stoßen, die zur Hochebene von Arcinazzo führt. Hier biegen wir zunächst links und dann nach 150 m an der Gabelung rechts in die Via dei Forestieri ab; auf der Gemeindestraße gehen wir 2,5 km am Fluss entlang, bis wir die Brücke *Ponte San Teodoro* erreichen. Hier müssen wir entscheiden, ob wir zuerst in das Ortszentrum wollen oder zu den Quartieren:

Wer nach **Trevi** hinauf will, nimmt auf Höhe der Brücke den steinigen Weg (die antike *Via Trivana*), der links bergauf führt, bis er nach 300 m einen Asphaltweg kreuzt; hier gehen wir links bergauf und kommen zunächst zur *Porta Napoletana*, einem antiken römischen Bogen, der als Stadttor dient und hinter den ersten Ring der Stadtmauer führt. Wenn wir weitergehen, gelangen wir zur Kapelle San Pietro Eremita und nach 100 m unter dem Bogen eines kleinen Palasts aus dem 15. Jh. hindurch auf den Hauptplatz mit der Stiftskirche Santa

Maria Assunta. Zu den Unterkünften der Straße Richtung Filettino folgen. Wer hingegen zuerst zur Unterkunft will, muss am *Ponte San Teodoro* (mit dem Gesicht zur Brücke) links in die Schotterstraße einbiegen, die schon bald bergauf führt und nach 1,5 km in die Straße nach Filettino mündet. Hier gehen wir links hinunter, erreichen nach 100 m zunächst den *Albergo Il Parco* und kommen nach weiteren 500 m zu den Schwestern.

Variante für Radfahrer

Bis Ponte Comunacque stimmen der Rad- und der Fußpilgerweg überein. Von dort aus folgen die Radfahrer der Straße ein Stück am Fluss entlang und dann 4 km bergauf bis zu einer Kreuzung. Rechts hinunter kommt man zum Ponte delle Tartare; nach Trevi geht es jedoch links ab und noch 2 km weiter.

Sehenswürdigkeiten

TREVI NEL LAZIO: Das Dörfchen liegt auf einem Hügel rund um die alte Festungsanlage herum, welche die Caetani einst errichteten, um das obere Aniene-Tal zu überwachen. Ganz früher lebten hier die Aequer, ein italischer Stamm, der schließlich von den Römern unterworfen wurde. Später unterstand die Kolonie **Treba Augusta** direkt der kaiserlichen Rechtsprechung und erhielt Zensoren, Dekurionen,

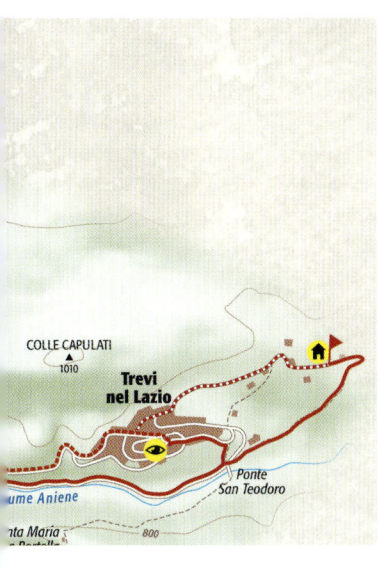

COLLE CAPULATI
▲ 1010
Trevi nel Lazio

Ponte San Teodoro

ume Aniene

ta Maria

800

Ädile und ein Forum. Von dieser Zeit zeugen zahlreiche Überreste, darunter Tempelruinen, die beiden Mauerkränze (der innere stammt noch aus vorrömischer Zeit), die im Mittelalter wiederverwendet wurden, das Kanalisationssystem, Fundamente römischer Landhäuser und der Bogen, der einst an der Grenze zwischen dem Gebiet der Aequer und dem der Herniker errichtet wurde. Im 12. und 13. Jh. führte der Kampf zwischen Papsttum und Kaiserreich dazu, dass Trevi den Familien der Päpste zum Lehen gegeben wurde und zunächst den Grafen von Segni gehörte, ehe es an die Caetani überging, die 1471 nach zwei Jahrhunderten beständiger Misswirtschaft endlich verjagt wurden. Papst Sixtus IV. gab den Ort daraufhin in die Obhut der Kommendataräbte von Subiaco, bis sie Mitte des 18. Jh. schließlich unter direkte päpstliche Kontrolle kam.

Bemerkenswert sind die **Kirche des hl. Petrus des Eremiten** mit der wertvollen marmornen Skulpturengruppe – ein Werk der Bernini-Schule –, die den Tod des Heiligen darstellt; und die **Stiftskirche Santa Maria Assunta** aus dem 15. Jh. mit ihrer barocken Ausstattung und der monumentalen Orgel, einem Werk von Ennio Bonifazi, dem Orgelbauer des Vatikans. In der Krypta der Stiftskirche befindet sich das Grab des Heiligen; und die **Burg der Caetani** oberhalb des Dorfes ist eines der frühesten Beispiele für das Phänomen des *Incastellamento*. Hier hat auch das berühmteste Mitglied dieser Familie zeitweilig gelebt: Benedetto Caetani, der als Papst Bonifatius VIII. in die Geschichte eingehen sollte.

Trevi nel Lazio

ANIO NOVUS: Die Wasserentnahme aus dem Fluss Aniene wurde von Kaiser Claudius veranlasst, der damit den bedeutendsten römischen Aquädukt in Auftrag gab, den *Anio Novus* oder „neuen Aniene", wie er genannt wurde, um ihn von einer anderen, etwa 300 Jahre älteren Wasserleitung zu unterscheiden. Das Wasser, das direkt aus dem Fluss stammt, wurde über eine Strecke von 87 km – 73 unterirdisch, 14 an der Oberfläche – nach Rom geführt. Allerdings kam es an den Ufern des Aniene häufig zu Erdrutschen, die, vor allem nach heftigen Regenfällen, das Wasser so sehr verschmutzten, dass nicht einmal die *Piscina limaria*, das Klärbecken weiter unten im Tal, es hinreichend reinigen konnte.

Vielleicht hat das Kaiser Nero dazu veranlasst, die drei künstlichen Seen in der Nähe seiner Villa in Subiaco anzulegen: eine Art riesiger *Piscinae limariae*, in denen das Wasser von seinen letzten Verunreinigungen befreit werden sollte. Nachdem jedoch auch damit das Problem noch immer nicht gänzlich gelöst war, verlagerte Trajan 98 n. Chr. den Anfang des Aquädukts weiter in die Berge, nach Comunacque, wo er ebenfalls einen künstlichen See anlegen ließ. Fast eine Million Kubikmeter Wasser gelangten Ende des 1. Jhs. tagtäglich nach Rom, und rund 200.000 davon flossen durch den *Anio Novus*. Entlang des Flusses sind noch heute die Überreste des Sees und des ***Specus***, des Leitungskanals zu sehen, der bei Plinius, Tacitus und Frontinus erwähnt wird.

■ Die Wallfahrt zur Santissima Trinità von Vallepietra

Eine der ältesten und beliebtesten Wallfahrten Mittelitaliens ist die zur *Santissima Trinità*, zur Allerheiligsten Dreifaltigkeit von Vallepietra. Jedes Jahr am Dreifaltigkeitssonntag, dem ersten Sonntag nach Pfingsten, zieht eine große Menschenmenge bei Mondschein in Prozession durch die Ortsmitte des kleinen Dorfs Vallepietra, um zur Gnadenstätte hinaufzusteigen, die in einer Höhe von 1337 m am Fuß einer gewaltigen Felswand in einem einsamen Tal zwischen Jenne und Trevi nel Lazio liegt.

Die Pilger – es sind jedes Jahr Zehntausende! – kommen in „Kompanien" aus dem Anienetal, aus der Ciociaria und aus den Abruzzen zu Fuß über alte Straßen und Triftwege zur Wallfahrtskirche, die um eine Höhle herumgebaut am *Monte Autore*, einem Berg des Simbruini-Gebirges an der Grenze zwischen Latium und den Abruzzen, gelegen ist. Unter dem Banner der Dreifaltigkeit nehmen sie stundenlange Fußwege auf sich, ohne die Mühe, die Hitze, den Regen oder die im Freien verbrachten Nächte zu scheuen, nur um dieses alljährlich wiederkehrende Ereignis nicht zu versäumen.

Was den Ursprung des Gnadenorts betrifft, so erzählt man sich, dass ein Bauer oberhalb des Steilhangs seinen Acker gepflügt habe, als plötzlich der

Pflug samt Ochsen in die Schlucht gestürzt sei. Daraufhin sei er hinabgestiegen und habe die Tiere zu seiner allergrößten Verwunderung am Fuß der Felswand unversehrt vorgefunden: Beide Ochsen knieten vor einem geheimnisvollen Gemälde der Dreifaltigkeit, das im Inneren einer kleinen Höhle sichtbar geworden war. In der Wallfahrtskirche wird ein Fresko aus dem 12. Jh. verehrt, das Vater, Sohn und Heiligen Geist nach byzantinischer Ikonographie als drei voneinander getrennte, identische Personen darstellt, die in typisch griechischer Segensgebärde Daumen und Ringfinger aneinanderhalten.

Am Morgen des Dreifaltigkeitsfests führen die Jugendlichen von Vallepietra auf der Esplanade des Wallfahrtsorts den „Pianto delle zitelle" auf, eine *Lauda* aus dem 18. Jh. Diese herzzerreißende „Jungfernklage" aus dem Mund der Personen, die Jesus in seinen letzten Lebensstunden und im Tod begleitet haben, ruft die Pilger zur Umkehr auf und lässt sie mit besonderer Intensität das Leiden Christi nacherleben. Charakteristisch sind die szenischen Elemente und die dramatische Handlung, die sich in immer pathetischeren Sequenzen entfaltet und mit der Kreuzigung ihren Höhepunkt erreicht; die heilige Aufführung endet mit einem hymnischen Choral zur Allerheiligsten Dreifaltigkeit. Die „Jungfernklage" wurde jahrhundertelang mündlich überliefert, und es ist nicht schwierig, in ihrer Melodie neben Merkmalen des gregorianischen Chorals auch Anklänge an die Totenklage wiederzuerkennen, wie sie in einigen Gebieten Süditaliens bis heute üblich ist.

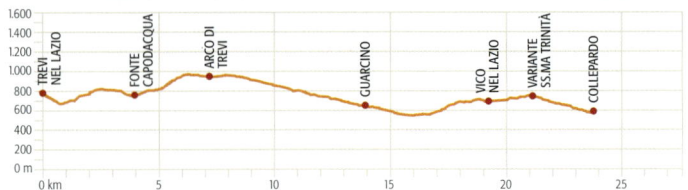

Informationen

Guarcino: *Pro Loco*, Tel. 333-7100146
Gemeindeamt, Tel. 0775-46007

Vico nel Lazio: *Gemeindeamt*, Tel. 0775-41151

Collepardo: *Pro Loco*, Tel. 0775-47076
Gemeindeamt, Tel. 0775-47021

Unterkünfte

Guarcino: *Casa di preghiera San Luca*, Via San Luca, Tel. 0775-46121, casapreghierasanluca@
libero.it; Pilgerunterkunft mit 70 Betten in Zimmern mit Bad, von Schwestern geführt. BB 35
€ im Einzelzimmer, 25 € im Doppelzimmer, 20 € im Drei- und Mehrbettzimmer. Abendessen
13 €. 1 km oberhalb des Dorfs an einem sehr steilen Sträßchen gelegen.
Casa di preghiera Teresa Spinelli, Via San Francesco, Tel. 0775-46040; Pilgerunterkunft mit
45 Betten in Zimmern mit Bad, für Gruppen Selbstversorgung. Von Augustinerinnen geführt.
HP 35 €, BB 20 €. Im oberen Teil des Dorfs an der Straße nach Campocatino, neben dem
Friedhof.

Vico nel Lazio: *BB Il Borghetto*, Via della Libertà 8, in der Ortsmitte, wenige Schritte von der
Stiftskirche San Michele entfernt. Tel. 346-8129236 / 342-5588644 (Raffaele), gliamicidel-
borghetto@libero.it; 15 Betten in Apartments, Gemeinschaftsbad. Für Pilger BB 24 € im
Einzelzimmer, 20 € im Doppelzimmer.

Collepardo: *BB Flora e Il Fauno*, Via Tolomei 4. In der Altstadt, von der Via Roma aus unter
einem Bogen hindurch. Tel. 338-3940500 / 339-2362730 / 345-8405100, floraeilfauno@
libero.it; 7 Betten. Für Pilger BB 20 € pro Person im Einzel- oder Doppelzimmer.
Maison Dina, Via Tolomei 35, Reservierungen Tel. 339-2300802; Schlüssel bei Signora Lidia,
Tel. 340-7573728; maisondina@libero.it; 2 bzw. 6 Betten in einem Einzelzimmer- und einem
Dreizimmerapartment mit Bad und Kochnische. BB 30 € im Einzel-, 25 € im Doppelzimmer.

Heute gehen wir von einem Gebirge, den *Monti Simbruini*, zum
nächsten, den *Monti Ernici*, und kommen dabei durch Landschaften, in denen die Zeit stehengeblieben zu sein scheint. Der
erste Teil der Etappe ist ein traumhafter Fußpfad, der dem Verlauf eines uralten Verbindungswegs folgt und uns an einem
großartigen, mitten im Wald gelegenen römischen Bogen vorbeiführt, dem Arco di Trevi. Je nach Kondition und Übernach-
tungsmöglichkeit können wir wählen, ob wir in Vico Halt machen oder bis nach Collepardo weitergehen möchten.

Wegbeschreibung

Von unserer Unterkunft aus gehen auf der Straße Richtung Filettino. 100 m vom *Albergo Il Parco* und 600 m von den Schwestern entfernt biegen wir rechts in die Schotterstraße ein und gehen 1,5 km bergab bis zur kleinen Brücke *Ponte San Teodoro*. Wir überqueren den Aniene und nehmen rechts den Fußweg, der zunächst etwa 100 m am Fluss entlang und dann bergauf führt (die Gemeinde von Trevi hat den Weg erst kürzlich flächendeckend mit Markierungen versehen). Es geht nun rasch durch den Wald bergauf, bis wir 1,6 km von der Brücke entfernt die kleine Kapelle Santa Maria della Portella erreichen: Der Wanderweg führt genau hindurch! Auch der Name lässt erkennen, dass es sich hierbei um einen wichtigen Verbindungspunkt handelt: Der Streckenabschnitt, auf dem wir gerade gehen, war jahrhundertelang einer der wichtigsten Verkehrswege für die Bevölkerung der *Monti Ernici* und Grenzstation zwischen dem Kirchenstaat und dem Bourbonenreich: Hier musste man Zoll bezahlen.

Vom Kapellchen bis zur Quelle von Capodacqua verläuft der Weg 1,6 km sanft bergab. Dieses Stück ist landschaftlich sehr reizvoll; wir blicken hinunter in ein grünes Tal, durch das sich der Aniene-Zufluss Fosso Campo schlängelt. An der großen Brunnentränke waten wir durch den Fosso hindurch und biegen links in einen kleinen Fußweg ein (wir folgen den Markierungen und biegen nicht rechts ab), der 300 m steil in den Wald hinaufführt, bis er einen Saumpfad kreuzt. Wir gehen weiter geradeaus und bergauf, ignorieren alle möglichen Abzweigungen und beachten insbesondere die Markierungen über die folgenden Weideflächen, bis wir auf einen Karrenweg stoßen. Wir folgen diesem Karrenweg, der am Schluss wieder steiler durch den Wald zum *Arco di Trevi* hinaufführt, einem wunderschönen Bo-

Der Arco di Trevi im Wald hinter Trevi nel Lazio

gen aus römischer Zeit, steinerner Zeuge einer antiken Zollstation an der Straße nach *Treba Augusta*.

Der Pfad führt unter dem Bogen hindurch und ist durch ein Gatter versperrt, das wir hinter uns wieder schließen. Nun befinden wir uns auf einer bequemen Fahrstraße; wir halten uns rechts und gelangen, nachdem wir einen offenen Schranken passiert haben, nach 800 m auf die Asphaltstraße, die von der Hochebene von Arcinazzo herkommt. Diese schöne Gebirgsstraße führt fast vollständig durch Wald und ist kaum befahren. Wir gehen sie links hinunter und erreichen nach 6,5 km das malerische Dorf **Guarcino**, an dessen zahlreichen Brunnen wir uns mit köstlichem Wasser versorgen können.

Um unseren Weg nach Vico fortzusetzen, gehen wir in fünf Serpentinen zum Ortsende hinunter und folgen der Straße nach Alatri. Unmittelbar vor einer Rechtskurve gehen wir an einigen Straßenschildern links in die kleine Via Castagnola hinein, die uns nach 350 m mit leichtem Gefälle zu einer Gabelung führt. Dort folgen wir dem Schild nach Fonte Italia und biegen links ab. Die Straße beschreibt zunächst eine Rechtskurve und verläuft dann geradeaus bis zu einem Mineralwasserbetrieb, wo wir die Straße verlassen und geradeaus einem geschotterten Feldweg folgen. Der Fahrweg führt zunächst 800 m allmählich bergauf, steigt dann auf den nächsten 1,3 km deutlich steiler an (die steilsten Abschnitte sind betoniert) und wird erst auf den letzten 500 m vor Vico wieder „sanfter". In **Vico nel**

Lazio sollte man auf jeden Fall eine Runde durchs Dorf drehen und aufs Geratewohl durch die labyrinthartigen Gassen schlendern!

In Vico haben wir zwei Möglichkeiten, unseren Weg fortzusetzen:

a) Die in der Karte eingezeichnete Route führt weiter nach Collepardo, unserem Etappenziel.

b) Wir können aber auch in Vico übernachten und von hier am nächsten Tag direkt zur Kartause von Trisuli wandern, ohne nach Collepardo hinabzusteigen. Mit dieser Variante ersparen wir uns 150 Höhenmeter, lassen uns aber Collepardo entgehen.

In beiden Fällen gehen wir, wenn wir Vico verlassen, am oberen Ende der Altstadt von einem großen Platz auf der Provinzstraße nach Osten, an einer Kapelle und an der Post vorbei, bis wir nach 2,2 km die Pizzeria Fontana la Macchia erreichen. Nach **Collepardo** geht es nun steil bergab, und nachdem wir am *Pozzo d'Antullo* vorbeigekommen sind, erreichen wir das Dorf.

Wer in Vico übernachtet hat und nun direkt zum Kloster von Trisulti will, biegt bei der Pizzeria in einen ebenen Schotterweg ein (der auch für Radfahrer geeignet ist). Nach 1,4 km kommen wir zu einer Weggabelung. Wir gehen rechts weiter und sofort danach wieder rechts auf der asphaltierten Via Santissima abwärts, vorbei an ei-

nem aufgelassenen Campingplatz, in 250 m bis zur Kirche Santissima. Trinità. Hier treffen wir auf den Weg, der von Collepardo heraufkommt. (Weiterer Wegverlauf siehe nächste Etappe.)

Variante für Radfahrer

Wir fahren von den Quartieren zurück nach Trevi und durch den Ort hinab bis zum Ponte San Teodoro. Dort folgen wir der Via dei Forestieri, die bis zum Ponte delle Tartare am Aniene entlangführt und an der Brücke dann steil links hinauf zur Hochebene von Arcinazzo, die wir nach 4,5 km erreichen. Hier folgen wir den Hinweisschildern nach Guarcino und biegen links ab. Die Straße führt weitere 4,5 km bergauf mitten durch herrliche Wälder und dann, nachdem wir den höchsten Punkt hinter uns gelassen haben, 9 km bergab bis nach Guarcino. Von hier aus sind Rad- und Fußpilgerweg wieder gleich.

Sehenswürdigkeiten

GUARCINO: Den Ortskern prägen mittelalterliche Schmuckelemente wie Portale und Bogenfenster. Zahlreiche Brunnen, unter denen

Guarcino – der heilige Benedikt begleitet uns

hier nur die *Fonte di Filette* und die *Fonte San Luca* genannt seien, spenden hervorragendes Wasser. In früheren Zeiten zogen die Abgeschiedenheit und die wilde Schönheit der Landschaft viele Eremiten an, und der (durchaus plausiblen) Überlieferung nach soll der hl. Benedikt auf seinem Weg von Subiaco nach Montecassino hier durchgekommen sein und mehrere Klöster – unter anderem das Kloster San Luca – gegründet haben.

Sie sollten es auf keinen Fall versäumen, die köstlichen *Amaretti* von Guarcino zu probieren: ein süßes Gebäck aus Mandelteig nach einem Rezept, das, so erzählt man sich, ein Mönch den Bewohnern zum Dank für ihre ausgesuchte Gastfreundlichkeit geschenkt haben soll.

VICO NEL LAZIO: Eine mächtige Mauerumwallung mit 25 Türmen und fünf Toren, von denen zwei zugemauert sind, macht die Ortschaft zu einem kleinen Carcassonne, einem echten Stück Mittelalter im Herzen der Ciociaria! Um den *Genius Loci* zu erleben, genügt es, in eine der Sträßchen einzubiegen, die in die Altstadt führen, und sich im Labyrinth der mit Portalen, Bogenfenstern, Bögen und kleinen Loggien geschmückten Gassen zu verlieren. Bemerkenswert sind die **Stiftskirche zum hl. Erzengel Michael** aus dem 11. Jh., die ein byzantinisches Mosaik und ein aus Jerusalem stammendes Kreuz aus Holz und Perlmutt beherbergt; die **Kirche Santa Maria** mit einem Glockengiebel, einer Krypta aus römischer Zeit und Fresken aus dem 13. Jh.; und der mittelalterliche **Gouverneurspalast**,

Vico nel Lazio

welcher der römischen Adelsfamilie der Colonna lange Zeit als Sommerresidenz gedient hat, mit schöner Eingangstreppe, Säulengang und zweibogigem Fenster.

COLLEPARDO: Der herrliche Blick auf ein wasserreiches Tal, die Kulisse der *Monti Ernici* und spektakuläre unterirdische Karstformationen machen den vor allem landschaftlichen Reiz dieser eng um das Rathaus gedrängten Ansammlung mittelalterlicher Häuser, Gassen und kleiner Plätze aus. Die **Grotten** erstrecken sich etwa 30 m über dem Gießbach Fiume, der das Tal, durch das er fließt, im Lauf der Jahrmillionen ausgewaschen hat: Die über die Jahrtausende hinweg aus Wassertropfen gewachsenen Stalagmiten und Stalaktiten sind von unvergleichlicher Schönheit. Außerdem fand man hier bedeutende Überreste von Tieren aus dem Pleistozän sowie menschliche Skelette aus der Bronzezeit. Der *Pozzo d'Antullo* ist ein großartiger ovaler Karstschlund mit einem Umfang von 300 und einer Tiefe von bis zu 70 m.

Grotte di Collepardo: April bis Juni und September 10.30–17 Uhr; Juli und August 10.30–19 Uhr; sonst 10.30–16 Uhr.

Pozzo d'Antullo: Geöffnet in den Sommermonaten. Nähere Informationen unter der Telefonnummer 0775-47065.

■ Die Kartäuser

Unter den zahlreichen Reformen des Benediktinerordens im 11. Jahrhundert war die des heiligen Bruno von Köln vielleicht die radikalste und zugleich diejenige, der es am besten gelang, die für die östliche Tradition und das früheste Mönchtum typische asketische Ausrichtung mit dem für die abendländische Kultur typischen praktischen Geist zu verschmelzen. Die Kartäusermönche (benannt nach der ersten Gründung des hl. Bruno, der *Grande Chartreuse* bei Grenoble) führten ein karges Leben in strenger Klausur und Einsamkeit, das von Schweigen und langen Gebetszeiten bestimmt war.

In einer Kartäuse bewohnt jeder Mönch ein kleines Haus mit zwei Stockwerken, einer Loggia, einem Arbeitszimmer und eigenem Garten. Der Kartäuser sollte sein ganzes Leben in Einsamkeit und ohne jeden Kontakt zur Außenwelt verbringen. Mit den anderen Mönchen trat er nur zu offiziellen Anlässen in Kontakt: in der Kirche zum gemeinschaftlichen Gebet und bei den Kapitelversammlungen.

Die Anwesenheit externer Gläubiger war anfangs nicht vorgesehen: Die *Chartreuse* hatte nicht einmal eine richtige Kirche, und auch in späteren Zeiten waren die Kartäuserkirchen nicht von außen zugänglich, sondern im Inneren des Klosterkomplexes verborgen. Die Zellen einer Kartause sind um einen riesigen Kreuzgang herum angelegt, an den sich ein kleinerer Kreuzgang anschließt, und im Inneren desselben befinden sich die üblichen Gemeinschaftsgebäude eines Klosters: Kirche, Refektorium und Kapitelsaal.

Weiter außerhalb liegen das Gästehaus und die Wirtschaftsgebäude, die von Laienbrüdern und Laien betrieben werden. Dank dieser klar gegliederten Struktur waren die Kartäuser in der Lage, die Klausur der Mönche zu gewährleisten und gleichzeitig mithilfe eines gut organisierten Systems landwirtschaftlicher Betriebe nach dem Vorbild der zisterziensischen *Grangien* großen Einfluss auf das Umland auszuüben. Auch wenn ihre Lebensweise weniger streng ist als früher, bleiben die Kartäuser bis heute „Einsiedler, die wie Brüder leben".

Aufgrund ihrer eremitischen Ausrichtung bilden sie nur kleine Gemeinschaften, die sogenannten „Kartäuserfamilien", die aus den *Patres* und den *Konversen* bestehen. Die *Patres* oder „Zellenmönche" sind Priester oder zukünftige Priester, die in der Einsamkeit ihrer Zelle ein Leben des Gebets führen; die Konversen oder „Laienbrüder" sind Nichtgeweihte, die zwar dieselbe Spiritualität haben, neben dem Gebetsleben aber ein größeres Maß an körperlicher Arbeit verrichten als die *Patres*. Die einen dienen den anderen: Ohne die Konversen können die Patres ihrer Berufung nicht nachkommen und ohne den geistlichen Beistand der *Patres* würde die Berufung der Konversen den Einflüssen der Welt erliegen.

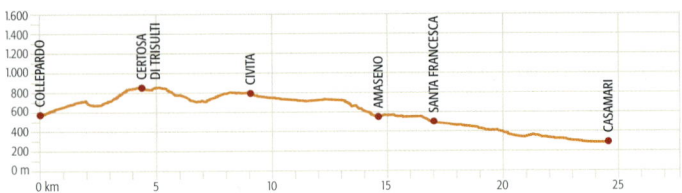

Informationen

Certosa di Trisulti: Tel. 0775-47024

ABTEI VON Casamari: Casamari, Tel. 0775-282371

Veroli: *Pro Loco*, Tel. 0775-238929

Unterkünfte

Civita: *BB Foresteria della Certosa*, Via San Nicola, Tel. 339-2521525 (Giuliano), sma6@libero.it; BB 35 € im Einzelzimmer, 25 € im Doppelzimmer, mit Bad und Kochnische. Gleich hinter den Ruinen des Klosters San Nicola, wo die Straße eine Linkskurve beschreibt, gehen wir weiter geradeaus: Das BB ist im Ort.

SCIFELLI: *Agroturismo Colle Spinoso*, Tel. 368 / 471859 oder 389 / 4272194; BB 25 €, Halbpension 45 €; 4,5 km von der Abtei von Casamari entfernt, 1,3 km abseits des Weges.

Casamari: *Suore Cistercensi della Carità*, Via Maria 24, Tel. 0775-282292; Pilgerunterkunft mit 50 Betten in Einzel-, Doppel- und Mehrbettzimmern mit Bad. Von Zisterzienserinnen geführt. Von der Abtei aus 400 m die Straße nach Veroli entlang auf der linken Seite. *Gästehaus der Abtei von Casamari*, Tel. 0775-282371, info@abbaziadicasamari.it; Pilgerunterkunft mit 50 Betten in Doppel- oder Vierbettzimmern mit Bad. Männer können auch direkt im Kloster übernachten. Fragen Sie nach Don Alberto.

Eine landschaftlich wunderschöne und kunsthistorisch hochinteressante Etappe, die uns zur Kartause von Trisulti führt, einem großartigen Klosterkomplex inmitten der uralten Wälder der *Monti Ernici*; und zur Zisterzienserabtei von Casamari, unserem Etappenziel und einem der wenigen Beispiele der Zisterzienserbaukunst in Italien. Da es sich um eine lange Etappe handelt und zahlreiche interessante Stätten mit Muße besucht sein wollen, empfiehlt es sich, frühzeitig aufzubrechen.

Wegbeschreibung

Wir gehen in Collepardo durch die Via Roma und genießen am Aussichtspunkt auf der Piazza Aldo Moro den herrlichen Blick auf das Fiume-Tal; dann gehen wir weiter an der Kirche San Rocco vorbei in die Via della Croce. Nach 50 m sehen wir rechts ein Haus mit einer Gedenktafel und gehen nun schräg gegenüber links die Via Ranilze hinauf, eine kleine Gasse, die zunächst zwischen den Häusern hindurch und dann einige hundert Meter durch wunderbare Olivenhaine hindurchführt. An einer Gabelung halten wir uns rechts, folgen weiter bergauf der *Via Santissima* und gelangen schon bald zur Kirche der Allerheiligsten Dreifaltigkeit (*SS. Trinità*). – Hier stoßen die Pilger zu uns, die in Vico nel Lazio übernachtet haben.

Wir gehen von der Kirche zur kleinen Kapelle und dort in spitzem Winkel links auf einem vom CAI hervorragend markierten Fußweg hinab. Von unserem Weg aus hat man eine herrliche Sicht auf die *Monti Ernici*. Es geht nun rasch bergab und in den Wald hinein, bis wir an einen Bach kommen, den wir auf einer Brücke aus römischer Zeit überqueren. Auf der anderen Seite steigt das Terrain wieder an, und wir kommen durch einen Pinienwald, bis wir schließlich bei zwei Kapellen und einem Picknickplatz auf die Asphaltstraße stoßen. Wir befinden uns nun in der *Selva d'Ecio*, einem waldigen Gebiet von erheblichem forstwirtschaftlichen Wert. Wir gehen an den beiden Kapellchen entlang und folgen der Straße, bis wir nach 800 m zur **Kartause von Trisulti** gelangen.

Wenn wir die Kartause nicht sofort besuchen, können wir kurz vor der Kartause zunächst einen Abstecher hinunter zur **Madonna delle**

Die Wallfahrtskirche Madonna delle Cese

Cese unternehmen, einer kleinen Einsiedelei in beeindruckender Lage, die in eine natürliche Grotte hineingebaut ist. Auf wenig mehr als 1000 m überwindet man einen Höhenunterschied von 120 m; auf dem Hinweg geht es bergab, auf dem Rückweg bergauf. Doch die Mühe wird belohnt, denn es ist ein wirklich faszinierender Ort. Zum *Santuario delle Cese* biegen wir in das Sträßchen ein, das vom Platz vor der Kartause hinunter zu einem sorgfältig angelegten Weg führt, der mitten durch den Wald verläuft und von Skulpturen der Heiligen Familie gesäumt ist. Die kleine Marienwallfahrtskirche liegt im Inneren einer gewaltigen Höhle – ein schöner, friedlicher Ort.

Wieder oben angekommen, besuchen wir natürlich die Kartause von Trisulti, eine großartige Klosteranlage aus dem 13. Jh., in der heute ein Ableger der Zisterzienserabtei von Casamari untergebracht ist. Aufgrund ihrer fast tausendjährigen Geschichte, ihrer großen kunsthistorischen Bedeutung und ihrer spektakulären Lage inmitten wertvoller Waldgebiete wurde die Kartause 1873 zum Nationaldenkmal erklärt. Nachdem wir uns ausreichend Zeit für eine ausgiebige Besichtigung genommen haben, folgen wir der einzigen Straße in Richtung Veroli.

Nach 400 m stoßen wir auf die Überreste des *Monastero di San Domenico*, des ersten Klosters, das der hl. Dominikus von Sora (siehe Seite 154) hier um das Jahr 996 herum gegründet hat. Wer möchte, gelangt über den kleinen Fußpfad, der links in den Wald hinaufführt, nach 10 Min. an die kleine Grotte, in der der Heilige Ende des 10. Jhs. drei Jahre lang als Einsiedler gelebt haben soll. Danach gehen wir auf der Straße immer bergab durch den Wald, bis wir nach etwa 2 km in der Nähe einer geschlossenen Trattoria und der Brücke *Ponte dei Santi* auf den Bach Fiume stoßen.

Der Überlieferung zufolge soll der hl. Dominikus hier an den großen Festen des Kirchenjahres lange Predigten für die beiden von ihm gegründeten Gemeinschaften gehalten haben. Nur zu diesen Gelegenheiten war es den Mönchen von Trisulti und den Nonnen von Civita erlaubt, ihre jeweiligen Klöster zu verlassen, um in Prozession zu den beiden einander gegenüberliegenden Ufern zu ziehen. Wahrhaftig ein wunderbarer Platz – und im Hochsommer wird man schwerlich der Versuchung widerstehen können, im kühlen und herrlich sauberen Wasser des Gebirgsbachs zu baden.

Wir gehen weiter die asphaltierte Straße hinauf und kommen nach 2 km an die Überreste des Klosters San Nicola in **Civita**, von wo aus man einen großartigen Blick auf die Kartause von Trisulti, den *Monte Porca* und Teile der Bergkette der *Monti Ernici* genießt. Ab jetzt führt die kleine Straße 5,8 km immer nur bergab und an mehreren Brunnen vorbei.

In der Ortschaft **Santa Maria Amaseno** kommen wir gleich hinter einer Brücke an eine Kreuzung; rechts vor uns erweitert sich die Straße zu einem großen Platz mit einer Bar. Wir überqueren die Straße, gehen schräg gegenüber der Brücke links das Sträßchen (*Contrada Case Cristina*) bergauf und erreichen nach 500 m eine Häusergruppe. Nach 400 m gelangen wir nun wieder bergab zu einer weiteren Ansammlung von Häusern; hier wird die Straße zum Schotterweg. Wir gehen geradeaus, bald bergauf, bald bergab, zwischen Olivenplantagen hindurch und kreuzen nach 900 m eine kleine Straße; hier gehen wir weiter geradeaus und 400 m bergab über asphaltierten Untergrund. In der Ferne können wir die Silhouette des *Monte Cairo* erkennen; unser Ziel, Montecassino, ist nun nicht mehr weit entfernt. Das Sträßchen endet vor einem Haus, wo wir links abbiegen und nach 300 m ins kleine Ortszentrum von **Santa Francesca** gelangen; hier halten wir uns links und gehen seitlich an der Pfarrkirche vorbei, die rechts von uns liegt.

200 m hinter der Kirche gehen wir an der Gabelung rechts und folgen den Schildern nach Scifelli. Nach 250 m halten wir uns wieder rechts und biegen nach weiteren 500 m nicht in die kleinere Straße links ab, sondern bleiben auf der Hauptstraße, die hier eine scharfe Rechtskurve beschreibt. Nach weiteren 400 m kommen wir an eine Gabelung und folgen dem Schild mit der Aufschrift *Contrada Case Ciocca* nach links; 100 m weiter biegen wir rechts Richtung *Contrada Case Calderone* ab.

Die Straße führt nun 250 m bergab bis zur nächsten Abbiegung, wo wir uns links halten und weiter bergab gehen, bis wir uns nach 1,5 km kurz unterhalb des Dorfs **Scifelli** befinden. Nun geht es wieder bergauf, und nach 400 m gabelt sich die Straße an einer Wegkreuzung. Hier nehmen wir das Sträßchen rechts, das mitten durch eine Ansammlung von Häusern hindurchführt und nach 200 m in die Straße von Scifelli nach Casamari mündet. Hier halten wir uns rechts und gehen dann 2,1 km immer geradeaus, unterqueren die Schnellstraße, die Sora mit Frosinone verbindet, und kommen nach 900 m genau gegenüber dem Eingang der Abtei in **Casamari** an.

Variante für Radfahrer

Von Collepardo aus erreichen wir Trisulti über die Straße, die etwa 6 km weit bergauf führt. Danach nehmen wir denselben Weg wie die Fußpilger.

Sehenswürdigkeiten

Kartause von Trisulti: Inmitten der waldreichen Landschaft der *Monti Ernici* auf 825 m Höhe gelegen, ist die *Certosa* eines der schönsten Klöster Mittelitaliens und wie geschaffen für die Kontemplation. Sie wurde 1204 auf Wunsch Innozenz' III. von den Kartäusern unweit der Stelle gegründet, wo der hl. Dominikus von Sora bereits um das Jahr 1000 ein Kloster hatte errichten lassen. Die Kartäuser blieben hier bis 1947; dann wurden sie, weil die Zahl der Ordensleute zu klein geworden war, von den Zisterziensern der Kongregation von Casamari abgelöst.

Die Kartause von Trisulti

Der Zugang zu der Anlage, die von einer mächtigen Ringmauer geschützt wird, führt durch ein Portal mit einem Wehrerker. Von der Treppe aus, die zur oberen Esplanade führt, gelangt man durch einen überaus gepflegten Garten zur alten Apotheke. An der oberen Esplanade liegen der Palast Innozenz' III. mit schönem Bogengang und Terrasse (er beherbergt die gut ausgestattete Bibliothek der Kartause) und die 1211 geweihte und mehrfach umgebaute Kirche San Bartolomeo.

Besichtigung: werktags 9.30–12 Uhr und 15.30–18 Uhr, sonn- und feiertags 15.30–18 Uhr.
Hl. Messen: 9, 10 und 12 Uhr.

MADONNA DELLE CESE: Einer alten volkstümlichen Überlieferung zufolge soll sich in der ersten Hälfte des 6. Jhs. ein frommer und heiligmäßiger Einsiedler in die *Grotta delle Cese* zurückgezogen haben, um dort ein Leben der Buße zu führen. Dort sei ihm die Gottesmutter erschienen und habe dem Stein ihr Bildnis aufgeprägt.

Fest steht, dass die raue und wilde Schönheit und mystische Abgeschiedenheit dieser Gebirgsregion schon in frühchristlicher Zeit eine große Anziehungskraft auf jene Seelen ausgeübt hat, die sich nach einem zurückgezogenen Eremitenleben sehnten, und so entstanden um die natürlichen Felshöhlen herum zahlreiche Einsiedeleien. Oberhalb der *Grotta delle Cese* entspringt eine Quelle mit sehr klarem Wasser, das als wundertätig gilt. An der rückwärtigen Wand der Einsiedelei, dort, wo heute ein Majolikabild hängt, befand sich das Gemälde der Muttergottes, das der Legende nach zu dem Eremiten gesprochen haben soll; das Antlitz wurde um das Jahr 1600 von der Felswand gelöst und wird heute in der Kartause von Trisulti aufbewahrt.

ABTEI VON CASAMARI: Hier fühlt man sich ins Burgund versetzt, und das ist auch nicht weiter überraschend, da die Abtei ein herausragendes Beispiel der zisterziensischen Gotik ist, die uns an den Kirchen und Klöstern nördlich der Alpen so fasziniert. Der Komplex von Casamari steht auf den Mauern des antiken römischen Munizipiums *Cereatae*, wo der große Konsul Gaius Marius residierte.

Dieser eindrucksvolle Beweis für die Kreativität des Mittelalters wurde 1035 von Benediktinermönchen gegründet und wurde dann von den Zisterziensern, die es 1140 auf Weisung Innozenz' II. übernahmen, komplett umgestaltet.

Unter dem Schutz Friedrichs II. entwickelte sich die Abtei zu einem immens wichtigen politischen und religiösen Zentrum, dem weitere 18 Abteien unterstanden. Die gotische Kirche ist ein unglaublich eleganter Wald aus Pfeilern mit kleinen Säulen, Konsolen und Bögen.

Stiftskirche der Abtei von Casamari

Das Tonnengewölbe des quadratischen Kreuzgangs ruht auf zierlichen zweibogigen Säulenarkaden mit fein gearbeiteten Kapitellen. Der dreischiffige große Kapitelsaal zeichnet sich – ganz im Stil der französischen Gotik – durch perfekt ausgewogene Proportionen aus. Das Refektorium ist großartig und die historisch bedeutsame Bibliothek beherbergt 25.000 Bände, Pergamente, Kodizes und Inkunabeln.

Weil die Regel Mildtätigkeit gegenüber den Armen vorschreibt, umfasst der Abteikomplex außerdem ein Gästehaus, um Pilger aufzunehmen; ferner eine Apotheke, einen Krankensaal und ein Hospital. Beeindruckend sind die gregorianisch gesungenen Gottesdienste.

Besichtigung: 9–12 Uhr und 15–18 Uhr (nicht während der Gottesdienste).

Werktags: Laudes 6 Uhr – Hl. Messe 7.30 Uhr – Vesper 19.15 Uhr.

Sonn- und feiertags: Laudes 8 Uhr – Hl. Messe 11 Uhr – Vesper 16 Uhr (17 Uhr in der Winterzeit).

■ Die Zisterzienser

Im 11. Jahrhundert kam als Reaktion auf die immer weiter um sich greifende Verderbtheit der Kirche im Kloster Cîteaux (lateinisch *Cistercium*) im Burgund eine Reformbewegung auf, die in kurzer Zeit eine außergewöhnliche Verbreitung fand. Das Kloster war 1098 von Robert von Molesme gegründet worden, der zur ursprünglichen Observanz der Regel des hl. Benedikt zurückkehren wollte. Die Gemeinschaft wuchs so rasch, dass in La Ferté, Pontigny, Morimond und Clairvaux Filialklöster gegründet werden mussten; der erste Abt des letztgenannten war der hl. **Bernhard von Clairvaux**, der entscheidend dazu beitrug, dass sich der Zisterzienserorden in ganz Europa ausbreitete.

Schon bald entstanden die ersten Klöster außerhalb Frankreichs und zwischen 1124 und 1151, der Blütezeit des Ordens, gab es in ganz Europa gut 160 Klöster, die von Cîteaux abhängig waren.

Auch in den politischen Zeitläufen spielten die Zisterzienser eine wichtige Rolle: So wurde Bernhard von Clairvaux vom Papst damit beauftragt, den zweiten Kreuzzug zu predigen; außerdem war er an der Abfassung der Regel des Templerordens beteiligt, jener Soldatenmönche, die ursprünglich für den Schutz der Pilger auf dem Weg ins Heilige Land verantwortlich waren.

Auch wenn sie für absolute Armut eintraten, stellten die Zisterzienser doch den Besitz von Gütern nie in Frage, im Gegenteil: 1134 erlaubte das Generalkapitel ausdrücklich den Erwerb von Ländereien, Weinbergen, Wäldern und Weiden, die es den Mönchen ermöglichten, sich selbst zu versorgen, wie es die benediktinische Regel vorschrieb. Damit verschob sich der Schwerpunkt vom Gebet auf die körperliche Arbeit: Ab sofort gehörte es zu den Pflichten der Zisterzienser, das unbebaute Land, das die Abteien meist umgab, urbar zu machen, zu wässern und zu bestellen. Zu diesem Zweck schufen sie ein durchdachtes und äußerst effizientes System aus kleinen landwirtschaftlichen Besitztümern, den sogenannten *Grangien*.

Die Zisterzienser leisteten Pionierarbeit in puncto Urbarmachung, Ackerbau und Viehzucht und trugen so entscheidend dazu bei, die Landschaft zu verändern und der wirtschaftlichen Entwicklung Europas in den nachfolgenden Jahrhunderten buchstäblich den Boden zu bereiten. Im Bereich der Kunst förderten und exportierten sie die Gotik, die – ganz im Einklang mit den zisterziensischen Idealen – die architektonischen Elemente radikal vereinfachte und alles beiseiteließ, was keinem praktischen Zweck, sondern lediglich der Dekoration diente: Form und Funktion sollten Hand in Hand gehen.

Ob Casamari oder Fossanova, Fontenay oder Pontigny – überall finden wir dieselbe „konstruktive Mystik", die, von allem Überflüssigen befreit, Rationalität und Stimmigkeit zum obersten Gebot der Architektur erklärt.

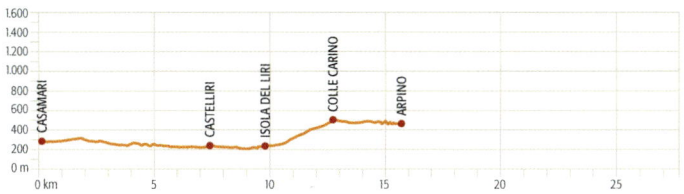

Informationen

Arpino: *Pro Loco*, Piazza del Comune, Tel. 0776-848535
Amico del Cammino: Carlo, Tel. 320-6305974

Unterkünfte

Arpino: *Albergo Il Cavalier d'Arpino*, Via Vittoria Colonna 21; Tel. 0776-849348, info@cavalierdarpino.it; für Pilger mit Pilgerpass BB 30 € das Einzelzimmer, 50 € das Doppelzimmer, 65 € das Dreibettzimmer. HP pro Person: 47 € im Einzelzimmer, 42 € im Doppelzimmer, 39 € im Dreibettzimmer.
Ristoro dei Viandanti, Vicolo Morelli 10; Tel. 320-6305974 (Carlo), carloscappaticci@libero.it; für Pilger mit Pilgerpass BB € 22, Mahlzeiten mit der Familie oder nach Vereinbarung; Heizzuschlag 5 €. Kleine Apartments mit 2/4 Schlafplätzen, Kochmöglichkeit. In der Ortsmitte.

Agriturismo La Torretta, Via Fornariello 1; Tel. 0776-849101 / 328-1360239 (Bruna), domenicodifolco2@alice.it; BB pro Zimmer: 25 € Einzelzimmer, 45 € Doppelzimmer. HP pro Person 40 €. Folgen Sie von der Piazza del Municipio aus den Schildern nach Civitavecchia, am Abzweig zum Friedhof vorbei noch 600 m weiter, bis links eine kleine Straße beginnt, die Sie nach 200 m zum *Agriturismo* führt.
Albergo Il Ciclope, Via San Francesco 23 (1,5 km vom Zentrum entfernt die Provinzstraße nach Civitavecchia hinauf); Tel. 0776-848809, info@albergoristoranteilciclope.com; für Pilger mit Pilgerpass BB 30 € das Einzel-, 50 € das Doppelzimmer. Abendessen für Pilger 15 €.
Convento San Lorenzo, Via San Francesco, Tel. 0776 / 848873, Pilgerherberge mit 40 Schlafplätzen, Hüttenschlafsack notwenig. Den Schildern Richtung Civitavecchia folgen; wo es bergan geht, rechts abbiegen, das Kloster kommt nach dem Friedhof.

Eine ganz geruhsame Etappe, die größtenteils über Nebenstraßen führt. Isola del Liri und unser Etappenziel Arpino haben einiges zu bieten.

Wegbeschreibung

Mit dem Abtei-Eingang im Rücken nehmen wir rechts denselben Weg Richtung Scifelli, den wir am Vortrag gekommen sind. Nach 150 m überqueren wir einen Platz und nehmen den linken von zwei Schotterwegen, der uns an einem Sportplatz vorbeiführt. Nach 200 m gehen wir nach rechts und nach weiteren 300 m geradeaus auf einem Pfad querfeldein, der bald die Schnellstraße erreicht. Nach 900 m überqueren wir einen Asphaltweg und gehen auf einem betonierten Weg geradeaus weiter. Der Weg führt abwärts und erreicht nach 700 m einen Asphaltweg. Hier nach links und nach 50 m bei einem rosa Haus rechts in den ersten Weg hinein. Wieder geht es auf einem betonierten Weg abwärts bis zur Schnellstraße. Nach 800 m wendet sich der Weg nach rechts und mündet nach weiteren 150 m in die Provinzstraße. Hier gehen wir nach links und nehmen nach 200 m ein Sträßchen, das uns unter der Schnellstraße hindurchführt. Nach der Unterführung gehen wir auf dem Asphaltweg rechts weiter. Bei der Weggabelung nach 200 m, bei einem Haus, wählen wir den rechten Schotterweg, der für weitere 300 m an der Schnellstraße entlangführt. Bei einer Brücke gehen wir auf dem linken Schotterweg weiter und haben die Schnellstraße nun zu unserer Rechten.

Nach 450 m gelangen wir zu einem Asphaltweg und auf diesem rechts abwärts nach 300 m zu einer größeren Asphaltstraße. Auch hier nach rechts und nach 150 m wieder unter der Schnellstraße hindurch. Nach weiteren 200 m kreuzen wir die Provinzstraße bei einem Lebensmittelladen. Es geht flach weiter auf einem asphaltierten Sträßchen. Nach 400 m links in die Straße einbiegen und schon nach 30 m rechts weiter. Auf diesem Weg bleiben wir nun für 1,4 km, vorbei an Häusern und Feldern bis zur Via Santo Stefano in **Castelliri**. Hier nach links und nach 80 m rechts in eine Gasse, die nach 150 m zu einer Kreuzung führt. Für 500 m weiter geradeaus bis zur Provinzstraße, auf dieser dann nach rechts. Nach 750 m beschreibt die Hauptstraße bei einem Zebrastreifen eine Rechtskurve und führt 450 m weiter über den Fluss Liri in die Altstadt von **Isola del Liri**. Nach 200 m erreichen wir eine zweite Brücke, von der aus wir einen

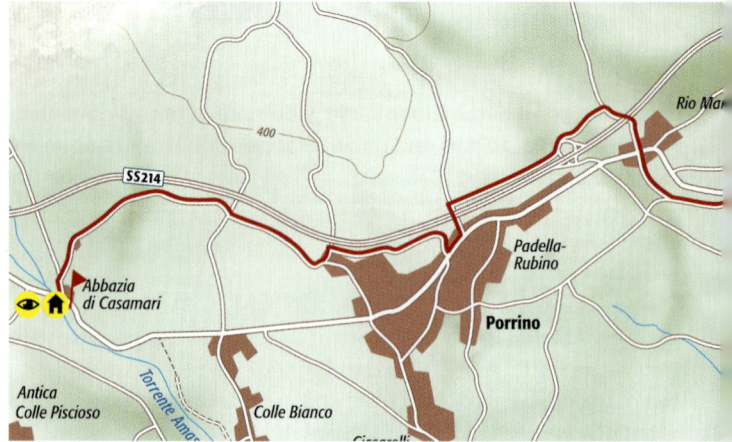

Die Cascata grande in Isola del Liri

schönen Blick haben auf die *Cascata Grande di Isola del Liri*, den großen Wasserfall von Isola del Liri.

Wir bleiben auf der Straße und kreuzen nach 150 m die Staatsstraße. Hier nehmen wir eine schmale Lindenallee rechts der Straße. Nach 200 m endet sie und wir gehen nach links, am Sportplatz vorbei. Der Weg steigt an und nach 1,5 km überqueren wir in der Ortschaft **Vallefredda** vor der Loretokapelle eine größere Straße. Vor uns beginnt ein schmaler Weg, der durch Olivenhaine und an wenigen Häusern vorbei ansteigt. Nach 600 m erreichen wir einen anderen Weg, hier nach rechts und für weitere 600 m aufwärts bis nach **Colle Carino**. Hier genießen wir den Blick auf unser Etappenziel Arpino und das Lirital.

Nun geht es für 1,6 km wieder abwärts und schließlich flach auf eine Kreuzung zu. Hier nach links und nach 400 m rechts auf die Straße, die von Civitavecchia herunterkommt. Nach 500 m erreichen wir das Belvedere von **Arpino**. Rechts geht es in die Altstadt bis zur Piazza del Municipio, dem antiken römischen Forum, wo noch Reste der römischen *Via Latina* zu sehen sind, die einst nach *Casinum* führte.

Sehenswürdigkeiten

ISOLA DEL LIRI: Wo der Lirifluss sich teilt und eine Insel bildet, steht das malerische Städtchen Isola del Liri. Über einen mächtigen Travertinfelsen fallen beide Arme des Flusses mitten in der Altstadt in einem Wasserfall abwärts: der linke Arm in der 27 m hohen *Cascata grande*, der rechte in der *Cascata del Valcatoio*. Auf dem Felsen, der den Fluss teilt, erhebt sich das **Casello Boncompagni-Viscogliosi**. Die Burg aus dem 14. Jh. wurde vom 17. bis zum 19. Jh. immer wieder erweitert und u. a. mit einem Skulpturenpark versehen.

3,5 km nördlich von Isola del Liri, an der Straße nach Sora, liegt die wunderschöne gotische **Zisterzienserabtei San Domenico di Sora**, welche der hl. Dominikus von Sora im Jahr 1011 auf den Überresten des Geburtshauses von Cicero erbauen ließ und wo er begraben liegt.

ARPINO: Auf zwei Hügeln im oberen Liri-Tal gelegen und von der antiken Akropolis von Civitavecchia überragt, ist Arpino ein geschichtsträchtiger Ort und die Geburtsstadt von Marcus Tullius

Arpino

Cicero (das Landgut seiner Eltern am *Ponte Olmo* zwischen Isola del Liri und Sora gehörte damals zum *Municipium Arpinum*), aber auch des berühmten Generals Gaius Marius sowie des großen römischen Politikers und Feldherrn Marcus Vipsanius Agrippa. Der Rathausplatz befindet sich an der Stelle des antiken römischen Forums und die Reste des antiken Pflasters sind noch heute zu sehen. Vielleicht die bedeutendste der zahlreichen Kirchen ist die **Stiftskirche Sant'Andrea** mit dem angrenzenden Klausurkloster der Benediktinerinnen, das der Überlieferung zufolge von der hl. Scholastika, der Schwester des hl. Benedikt, gegründet wurde. Sehenswert ist auch die **Stiftskirche San Michele** mit ihrer Fassade aus dem 18. Jh. Ein echtes Juwel ist die **Akropolis von Civitavecchia,** ein auch heute noch archaisch anmutender Ort. Die *Civitas vetus*, die von eindrucksvollen megalithischen Mauern umschlossene alte Stadt, war vermutlich der Kern einer vorgeschichtlichen Volskersiedlung. Der berühmte Kragbogen bildete früher den Zugang zur Akropolis und erinnert deutlich an die Architektur von Tiryns und Mykene.

Cicero-Denkmal in Arpino

■ Der heilige Dominikus von Sora

Dominikus wurde 951 in Foligno geboren und schon als kleiner Junge den Benediktinermönchen anvertraut. Sein spiritueller Werdegang begann in der Sabina, wo er sich in das Kloster Santa Maria di Pietrademone zurückzog und 974 Benediktinermönch und Priester wurde.

Zum Eremitenleben berufen zog er sich in die Sabinerberge bei Scandriglia zurück und fand sich sogleich von Jüngern umgeben. Für sie gründete er das Kloster San Salvatore und wurde dessen Abt. Schon bald galt er im weiten Umland als Heiliger, ein Ruhm, vor dem er zeit seines Lebens zu fliehen suchte. Als Oderisio aus dem Geschlecht der Grafen der Marsica ihm ein Stück Land schenkte, zog er sich daher zusammen mit seinem Schüler und Biographen Giovanni in die Abruzzen zurück, wo er das Kloster San Pietro del Lago und eine Einsiedelei gründete.

Die Grafen schenkten den Mönchen große Ländereien in der Nähe des *Lago di Scanno*: So kamen zu den älteren benediktinischen Klöstern die Neugründungen des Dominikus in Villalago hinzu. Ähnliches geschah in der Region Molise, wohin Borrello, der Graf von Sangro, den Heiligen rief, damit er unweit des heutigen San Pietro di Avellana ein Kloster gründete.

Anschließend ließ er sich für drei Jahre als Einsiedler in den *Monti Ernici* nieder, in einer Höhle am Berg Porca. Doch die Einsiedelei wurde von Jägern entdeckt und schon bald strömten Pilger herbei, die ihm jede erdenkliche Verehrung zuteilwerden ließen. Dank einer Schenkung der Gemeinde Vico und mit der Hilfe der Mönche aus Montecassino gründete er um das Jahr 987 herum in Trisulti ein Kloster, das er dem hl. Bartholomäus weihte. Nach einer neuerlichen Schenkung durch den Herrn von Sora, Graf Pietro Rainerio, ging der hl. Dominikus schließlich nach Sora, wo er auf den Überresten von Ciceros Geburtshaus eine Abtei errichtete, die für immer mit seinem Namen verbunden bleiben sollte. (Die Abtei liegt 3,5 km nördlich von Isola del Liri, auf dem Gemeindegebiet von Sora.) Dort starb er am 22. Januar 1031 und wurde in der Klosterkirche beigesetzt, wo seine sterblichen Überreste bis heute ruhen. Dominikus von Sora bleibt ein Reformator der mittelalterlichen Kirche und ein Vorläufer der großen Orden, die wenige Jahrhunderte später entstehen sollten – wie etwa der nach seinem großen Namensvetter Domingo de Guzmán benannte Dominikanerorden.

Die mittelalterlichen Chroniken und die volkstümliche Überlieferung berichten über Dutzende von Wundern des Heiligen. In Sora und im gesamten Liri-Tal wird Dominikus gegen giftige Schlangenbisse, Fieber und Zahnschmerzen angerufen. Sein Fest wird in Sora, in Arpino und in den umliegenden Dörfern sehr feierlich begangen; am bekanntesten ist jedoch die Prozession in Cocullo in den Abruzzen, bei der die Statue des Heiligen mit Schlangen behängt durch die Straßen getragen wird, die in den Tagen vor dem Fest von den *Serpari*, den Schlangenjägern, gefangen werden.

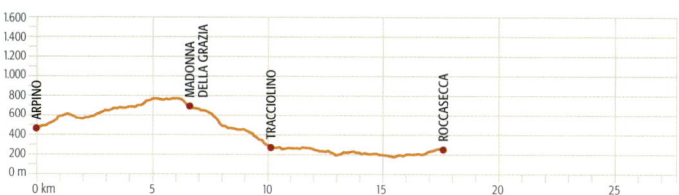

Informationen

Roccasecca: *Amico del Cammino*: Angelo, Tel. 320-3480383
Den Stempel für den Pilgerpass erhält man in den Unterkünften oder in den Bars an der *Piazza*. Für den Aufstieg zur Einsiedelei gibt es einen Extrastempel!

Unterkünfte

Roccasecca: *BB Il Feudo*, Via Vittorio Veneto 15 (gegenüber der Polizei), Tel. 328-8957972 (Tommaso) / 333-8052428 (Immacolata), tommasomarsella@inwind.it; BB, Einzelzimmer 22 €, Doppelzimmer 42 €. Schönes Zweizimmerapartment mit Bad, Küche, Waschmaschine, Internet.
BB L'Ortica, Vicolo Paolozzi 1, Tel. 338-1139566 / 0776-567543. Preise wie im *Il Feudo*. In der Ortsmitte. Die Schlüssel erhalten Sie bei Gianpiero in der Pizzeria *Magnolia* am Hauptplatz.
Agriturismo Monte Asprano, Ortsteil San Francesco, Tel. 0776-569052 / 331-2224301 (Angelo), dionisioangelo@libero.it; ein schönes Gutshaus mitten im Grünen, 22 Betten in Zimmern mit Bad. Für Pilger BB 30 €, HP 40 €. Biegen Sie hinter dem Dorf links hinauf in die Sackgasse ein und gehen dann an der ersten Kurve den Schotterweg links hinauf.
BB Villa Claudia, Ortsteil Castello, Tel. 349-1573033 (Mirella), info@bbvillaclaudia.com, BB 30 €. Unten beim Felsen der Conti d'Aquino.

Eine aus kunsthistorischer Sicht hochinteressante Etappe (die Akropolis im Stadtteil Civitavecchia ist ein Juwel, und den Kragbogen sollte man sich nicht entgehen lassen), die aber auch Naturschönheiten zu bieten hat wie etwa die *Gole del Melfa*, einen spektakulären Canyon mitten in Europa. Der Weg führt durch eine wilde und ursprüngliche Natur; da es unterwegs allerdings weder Brunnen noch irgendeine Art von Gastronomie gibt, sollte man sich in Arpino ausreichend mit Verpflegung und Getränken eindecken. Bergschuhe sind unverzichtbar, und für die Gefällestrecken sind Stöcke sehr empfehlenswert.

Wegbeschreibung

Wir beginnen vor dem Rathaus und gehen bei der Cicerostatue in die Via Magliari hinein. Nach 50 m gabelt sich die Straße an einer

Akropolis von Civitavecchia

Kirche und wir folgen links der Via Spaccamela. Sie führt uns 500 m bergauf bis zur Kirche Sant'Andrea; hier leben Benediktinerinnen. Rechts von der Kirche folgen wir den Schildern nach Palazzo Spaccamela und biegen in eine enge und steile Straße ein; von jetzt an ist der Weg zur Akropolis von Civitavecchia sehr gut mit CAI-Markierungen versehen. Nach 200 m wird das Asphaltsträßchen zum Schotterpfad; es geht weiter bergauf, und rechts von uns haben wir einen großartigen Blick auf Arpino. Nach 150 m beginnt eine Treppe, die mitten durch Olivenbäume hindurchführt; nach weiteren 300 m erreichen wir den winzigen und wirklich malerischen Ortsteil **Civitavecchia**, sobald es eben wird, gehen wir rechts und fühlen uns sofort in eine andere Zeit versetzt. Das eigentliche Wunder ist die Akropolis aus dem 6. Jh. v. Chr. mit den sie umgebenden Zyklopenmauern aus gewaltigen vieleckigen Steinblöcken und dem außergewöhnlichen Kragbogen – dem einzigen seiner Art in Italien –, der in archaischer Zeit als Eingang zur Akropolis diente. Civitavecchia war ursprünglich wahrscheinlich das Zentrum einer Volskersiedlung (7.–6. Jh. v. Chr.)

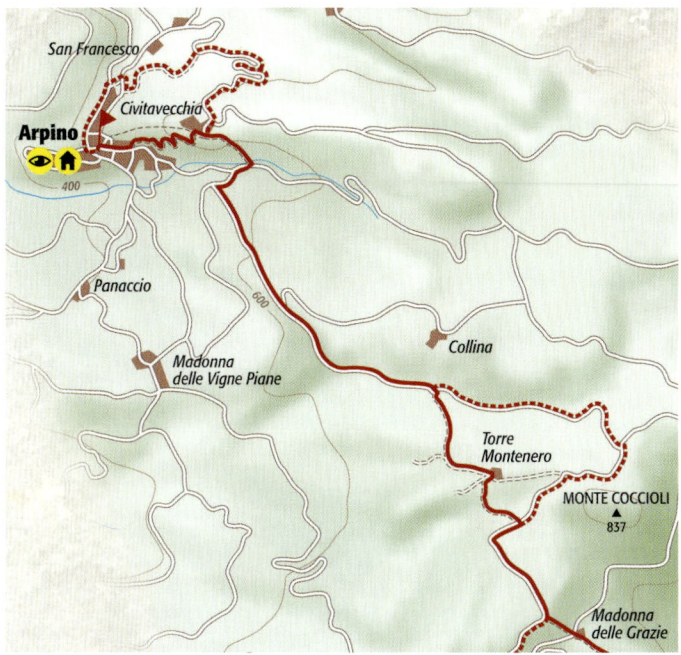

und wurde zu Verteidigungszwecken an einem unzugänglichen Ort gegründet und von mächtigen Mauern umgeben.

Wenn wir durch den Bogen unter dem sogenannten Cicero-Turm (*Torre di Cicerone*) hinausgehen, stoßen wir nach 20 m neben einem Halteverbotsschild auf einen kleinen Pfad, der rechts hinunterführt. Wir folgen ihm 400 m bergab (*Radfahrer aufgepasst: Der steinige Untergrund ist tückisch, und auf dem letzten Stück muss man absteigen*) bis zu einem Asphaltsträßchen vor einer kleinen Madonnenstatue; hier gehen wir rechts hinunter, bis wir nach 150 m gegenüber einer schönen kleinen Steinbrücke an eine Abzweigung kommen; hier gehen wir links über eine kleine Brücke (geradeaus über die kleine Brücke gelangt man in die entzückende Ortschaft Patara mit einer kleinen Kirche samt Bogengang, alten Häusern und ehemaligen Gerbereien aus dem 17. Jh.; zum Benediktweg geht es dann ganz einfach wieder zurück). Nach 200 m folgen wir den Hinweisschildern zur Via Madonnella und biegen links in ein Sträßchen ein. Nun gehen wir 800 m bergauf, an der Einmündung einer von links kommenden Straße vorbei, dann weitere 1,2 km geradeaus. Zuerst passieren wir auf diesen 1,2 km zwei rechts abzweigende, bergab führende Sträßchen; von der zweiten Abzweigung sind es noch 500 m, bis ein Fußweg rechts abbiegt. Wir gehen über die Wiese, überqueren eine winzige Betonbrücke, die über einen Gra-

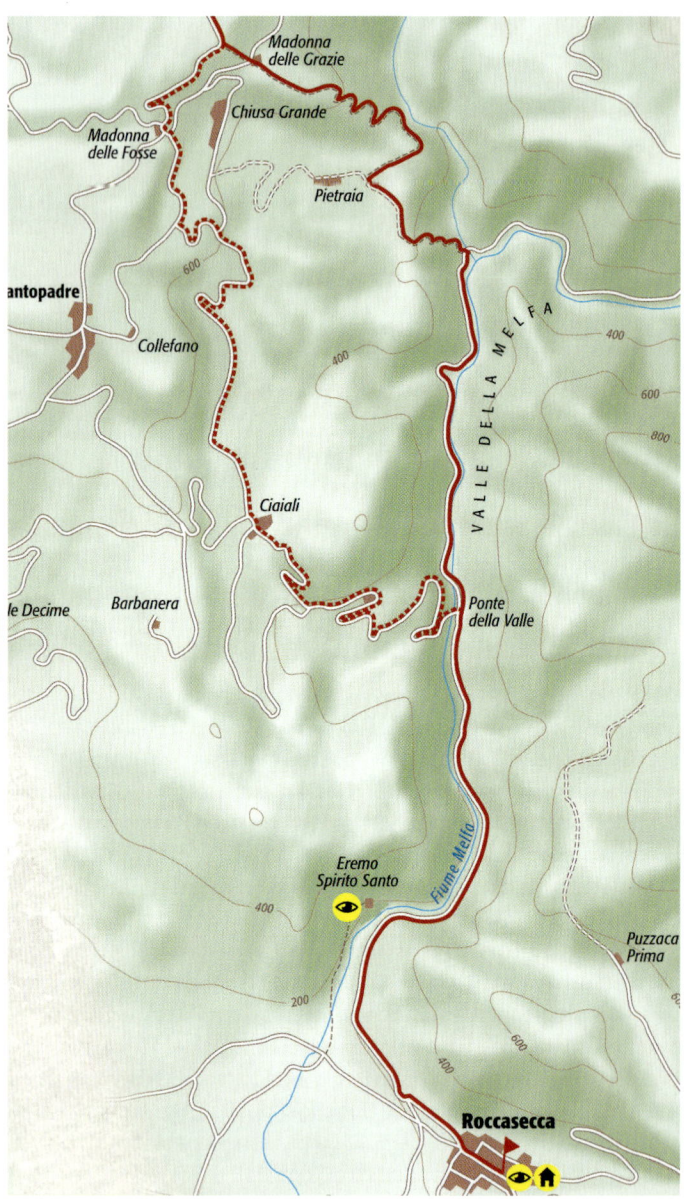

ben führt, und steigen dann auf einem steinigen Pfad in einen dichten Wald hinauf. Nach 400 m endet die Steigung; hier gehen wir links über eine Schotterstraße und stoßen nach 500 m auf ein Asphaltsträßchen, das wir rechts hinuntergehen. Nach 30 m biegen wir links in ein bergab führendes Pfädchen ein, über das wir nach 350 m mitten im Wald auf eine kleine Asphaltstraße gelangen.

Hier gehen wir rechts; die ersten 500 m verlaufen eben; dann kommen wir an einer Häusergruppe vorbei, und das Sträßchen beginnt sich zu neigen. Wir gehen noch 200 m bergab, bis wir an einer scharfen Rechtskurve links bei den Strommasten in einen abwärtsführenden Viehweg einbiegen. Nach 250 km stoßen wir auf die Asphaltstraße und einen Aussichtspunkt mit einer kleinen Kapelle (*Madonna della Grazia*). Unser Weg führt hinter der Kapelle weiter (hier steht ein Strommast mit der Nummer 604): Wir gehen sofort links und dann nach wenigen Schritten rechts; rechter Hand liegt jetzt ein Olivenhain und links von uns verläuft etwa 20 m unterhalb unseres Weges eine Schotterstraße. Nach etwa 100 m stoßen wir auf eine kleine Einzäunung, die nach 30 m endet; hier gehen wir links ein Pfädchen hinunter, das auf die unterhalb gelegene Schotterstraße führt. Wir gehen die Straße ganz hinunter (über 1 km); sie führt in mehreren kleinen Serpentinen stetig bergab und bietet, nachdem wir erst einmal eine gewaltige Fläche mit Sonnenkollektoren hinter uns gelassen haben, eine wunderschöne Aussicht auf die *Gole del Melfa* und das weiter entfernt gelegene Comino-Tal. Die Schotterstraße führt zu einem Olivenhain; wenn wir weitere 300 m bergab gehen, kommen wir an ein betoniertes Stück; nach 50 m gehen wir rechts und erreichen nach 200 m ein leerstehendes Haus. Nach weiteren 300 m kommen wir an ein Asphaltsträßchen, in das wir links einbiegen. Wir gehen das komplette asphaltierte Stück (700 m) bis zu einem weißen Haus und folgen dann einem betonierten Sträßchen, das nach 100 m inmitten von Olivenbäumen endet. Wir gehen zunächst 15–20 m links über einen Trampelpfad und dann noch einmal etwa 20 m nach rechts mitten durch die Olivenbäume, bis wir auf einen alten Saumpfad stoßen, der nach 600 m über enge Serpentinen mit einem spektakulären Blick auf die *Gole del Melfa* den *Tracciolino* erreicht: jene für den Autoverkehr gesperrte Straße, die durch die gesamte Melfa-Schlucht hindurchführt.

Hier gehen wir rechts und nach knapp 3 km über die Brücke *Ponte della Valle*; nach weiteren 3,5 km – unser Weg führt immer leicht bergab und durch eine überwältigende Landschaft – kommen wir in der Nähe des Friedhofs von **Roccasecca** an. Hier gehen wir links, vorbei an der monumentalen Statue des heiligen Thomas von Aquin, und erreichen nach einigen hundert Metern das Ortszentrum.

Wenn wir einen Abstecher zum *Eremo dello Spirito Santo* machen wollen (insgesamt weniger als eine Stunde Fußweg), gehen wir vom Friedhof aus nach rechts und an der ersten Kreuzung wieder rechts und zum Fluss Melfa hinunter. Nachdem wir den *Ponte Vecchio* überquert haben, zweigt rechts ein in den Fels gehauener Saumpfad ab, über den wir in etwa 20 Min. an einer imposanten Felswand entlang zur Einsiedelei gelangen.

Variante für Radfahrer

Vom Zentrum von Arpino aus gelangen die Fahrradpilger über die Straße zur gut ausgeschilderten Akropolis von Civitavecchia (man kann den Weg etwas abkürzen, wenn man in das Sträßchen einbiegt, das zum Kloster San Lorenzo hinaufführt und kurz danach in die Provinzstraße einmündet). Von hier aus folgen wir wieder der Fußpilgerstrecke bis diese rechts in einen Steig einbiegt. Hier fahren die Radfahrer weiter auf der asphaltierten Straße bergauf. Nach 1,5 km biegen wir an einer kleinen Kapelle rechts in ein Sträßchen ein, das uns ohne nennenswerte Steigung nach 500 m zu einer kleinen Häusergruppe führt; unmittelbar davor zweigt links eine kleine Straße ab, die zunächst eben verläuft und dann nach Madonna delle Fosse hinunterführt; hier gibt es eine Kirche, ein Lebensmittelgeschäft und eine Bar. Wir fahren links und folgen dann dem Hinweisschild nach Tommelle rechts das Sträßchen hinunter. Nach 700 m fahren wir wieder links und folgen der kleinen Hauptstraße, die nach wie vor bergab führt. Nach weiteren 3 km kommen wir an eine größere, kurvenreiche Straße, in die wir links einbiegen; wenn wir nach 100 m das kleine Sträßchen links hinunterfahren, können wir eine der Serpentinen abkürzen. Danach bleiben wir auf der Provinzstraße; es geht beständig bergab, und nach einigen Serpentinen erreichen wir schließlich am Ponte della Valle den Talgrund. Hier fahren wir rechts und stoßen so wieder auf den Fußpilgerweg.

Sehenswürdigkeiten

GOLE DEL MELFA: Die etwa 13 km lange Melfa-Schlucht zwischen Casalvieri und Roccasecca ist ein bezauberndes Stück unberührter Natur. Leider sorgen eine Staumauer am Oberlauf des Melfa und ein Tunnel, durch den sein Wasser in den Fluss Rapido umgeleitet wird, dafür, dass der Melfa den größten Teil des Jahres über trockenfällt. Wenn er aber Wasser führt, leuchtet der Melfa auf seinem Weg von der 1021 m hoch gelegenen Quelle im Tal von Canneto bis zur Ebene von Aquino, wo er in den Liri mündet, in den herrlichsten Farben von Smaragdgrün bis Azurblau. Der *Tracciolino*, die Straße, die die Schlucht durchquert und so das Tal von Comino mit der Ebene von Liri verbindet, bietet immer wieder atemberaubende Aussichten sowohl auf den Fluss, der zwischen den schroffen Gebirgswänden hindurchfließt, als auch auf die Klüfte und Steilhänge, die die Schluchtlandschaft prägen. An den unzugänglichsten Stellen nisten zahllose Arten von Raubvögeln wie Schwarzmilan, Wespenbussard, Schlangenadler, Turm- und Wanderfalke. In jüngerer Zeit sind sogar

Die Gole del Melfa (Foto: Tommasino Marsella)

Steinadler in der Schlucht heimisch geworden und haben bereits genistet.

EREMO DELLO SPIRITO SANTO: Versteckt in einer engen Einbuchtung in der felsigen Flanke der Melfa-Schlucht scheint dieser unzugängliche Ort wie geschaffen für ein zurückgezogenes, kontemplatives Leben. Die Einsiedelei besteht aus einer kleinen Kirche und einer darüber gelegenen Ansammlung von Höhlen. Im Inneren der schlichten und schmucklosen Kirche ist die Jahreszahl 1100 in ein Weihwasserbecken eingemeißelt, der Kern der Ansiedlung – die Höhlen mit den Mönchszellen und einem zentralen Raum für gemeinsame Andachten – ist aber älter und geht vermutlich auf das 8. oder 9. Jh. zurück. Mithilfe eines ausgeklügelten Systems aus klei-

nen, in die Felswand gegrabenen Kanälen konnte man das Regenwasser sammeln und in eine Zisterne leiten; die Größe der Höhlen und der Zisterne deuten auf eine kleine Gemeinschaft hin.

Wenn Sie die Einsiedelei besichtigen wollen, setzen Sie sich mit dem Verein „Amici della Montagna" in Verbindung: Angelo Ciampa, Tel. 320-3480383.

ROCCASECCA: Unterhalb des *Monte Asprano* gelegen und mit einer herrlichen Aussicht auf das Liri-Tal entstand Roccasecca vor dem Jahr 1000 als befestigter Platz innerhalb des Verteidigungssystems der Abtei Montecassino. Seinen Namen – „trockener Fels" – verdankt es der Wasserknappheit des Ortes. Die Ortsmitte mit ihrer alten Bausubstanz bietet ein harmonisches Bild und hat bedeutende Zeugnisse aus der Vergangenheit – vor allem Kirchen von einem gewissen künstlerischen Wert – vorzuweisen.

Denkmal für Thomas von Aquin in Roccasecca

Roccasecca ist vor allem deshalb bekannt, weil der heilige Thomas von Aquin hier geboren ist, und zwar um das Jahr 1225 in der **Burg der Grafen von Aquin,** einem mittelalterlichen Festungskomplex auf einem Hügel oberhalb der Ortschaft. Aus dem 14. Jh. stammt die kleine Kirche **San Tommaso**, weltweit die erste, die dem *Doctor Angelicus* geweiht wurde.

Ein weiterer berühmter Sohn der Stadt ist der Flötist Severino Gazzelloni. Ihm zu Ehren findet alljährlich Ende August ein internationales Musikfestival statt, das große Orchester und Künstler von internationalem Rang in die Stadt bringt.

■ Der heilige Thomas von Aquin

Thomas aus dem Geschlecht der Grafen von Aquin erblickte 1225 oder 1226 in Roccasecca das Licht der Welt. Seine erste Erziehung genoss er im Kloster von Montecassino, in das er als Fünfjähriger geschickt wurde und das er mit 14 Jahren, nämlich im Jahr 1239, wieder verließ, als die Abtei von den Truppen Kaiser Friedrichs II. besetzt wurde. Danach studierte Thomas in Neapel, wo er trotz des heftigen Widerstands seiner Eltern in den Dominikanerorden eintrat.

Seine Oberen erkannten sein Talent und beschlossen, ihn zum Studium nach Paris zu schicken, doch kaum hatte er die Reise angetreten, entführten ihn seine Brüder und setzten ihn in der väterlichen Burg Monte San Giovanni gefangen, weil sie glaubten, der Dominikanerorden, für den Thomas sich entschieden hatte, sei für ein Mitglied ihrer Familie nicht vornehm genug. Nach einem Jahr gaben sie schließlich auf und ließen ihn nach Paris gehen, wo er bei Albertus Magnus studierte und 1257 zum Magister ernannt wurde. Zwei Jahre später kehrte er nach Italien zurück, wo er seine Predigt- und Lehrtätigkeit zunächst in Neapel, dann in Anagni, dem Sitz der päpstlichen Kurie, und schließlich in Orvieto fortsetzte, wo Papst Urban IV. residierte.

1265 erhielt er den Auftrag, die theologische Ausbildung der Ordensmitglieder in Rom zu organisieren, und wurde päpstlicher Hoftheologe. Da er feststellen musste, dass nicht alle Studenten über die nötigen Grundlagen verfügten, begann er, eine *Summa Theologiae* zu verfassen, um „die christliche Religion so darzustellen, wie es der Unterweisung der Anfänger angemessen ist". 1267 begann er mit der Arbeit an diesem monumentalen theologischen Werk, das ihm unvergänglichen Ruhm eintragen sollte, und beendete es sieben Jahre später, drei Monate vor seinem Tod. 1269 wurde er erneut nach Paris berufen und kehrte 1272 nach Aufenthalten in Roccasecca und Montecassino auf Betreiben Karls von Anjou nach Neapel zurück, um sich der Neuorganisation des Theologiestudiums am Kloster San Domenico zu widmen.

Seine Biographen erzählen, dass er am Morgen des 6. Dezember 1273, während er die Messe zelebrierte, in Ekstase fiel und vom Kruzifix her die Worte hörte: „Gut hast du über mich geschrieben, Thomas. Welchen Lohn wirst du annehmen?" Die Antwort des Aquinaten lautete: „Keinen außer dir, o Herr". Von diesem Augenblick an schrieb er kein einziges Wort mehr.

Im Januar 1274 machte er sich, obwohl gesundheitlich angegriffen, auf die Reise nach Frankreich, um am Konzil von Lyon teilzunehmen. Unterwegs besuchte er seine Nichte Francesca in Maenza, wo sich sein Zustand verschlechterte. Da er seine Tage in einem Kloster beschließen wollte, aber kein Dominikanerkonvent in der Nähe war, bat er, man möge ihn in die Zisterzienserabtei von Fossanova bringen, wo er am Morgen des 7. März 1274 im Alter von nur 49 Jahren verstarb. Seine Schriften füllen über 40 Bände.

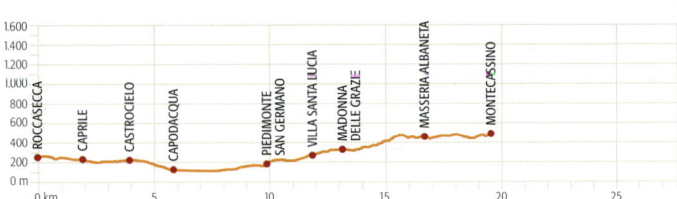

Informationen

Cassino: Fremdenverkehrsamt *IAT*, Via Di Biasio 54, Tel. 0776-21292 / 0776-25692

Unterkünfte

Montecassino: *Abtei von Montecassino*, Tel. 0776-311529 (9–12 und 17–19 Uhr: Fragen Sie nach Don Francesco). Pilgerunterkunft nur für Männer. Geben Sie mindestens einige Tage vor Ihrer Ankunft Bescheid. Im Sommer ab 18 Uhr, im Winter ab 17 Uhr geschlossen. *Casa Sant'Antonio Abate*, 300 m von der Abtei entfernt, dieselbe Telefonnummer. Pilgerunterkunft mit 70 Betten (Selbstversorgung) für Pfarrgruppen, katholische Verbände, Pfadfinder. Vorherige Reservierung erforderlich.

Cassino (Pilgerunterkünfte)

Comunità Exodus, Via S. Domenico Vertelle 23, Tel. 0776-311788 / 335-471115, cassino@exodus.it; 16 Schlafplätze in Etagenbetten, eigene Bettwäsche erforderlich. Zeltplatz, Unterbringung von Jugendgruppen möglich. 2 km vom Zentrum entfernt: Folgen Sie den Hinweisschildern zum *Ospedale nuovo* und nehmen Sie dahinter die erste Straße rechts, die seitlich am Krankenhaus vorbeiführt; die Unterkunft liegt 500 m weiter auf der linken Seite. *Benediktinische Klausurschwestern*, Piazza Santa Scolastica, Tel. 0776-21267 (Sr. Placida oder Sr. Marta, rufen Sie frühzeitig an). 20 Betten in Doppelzimmern mit Bad, Küchennutzung, nur für Frauen oder Eheleute, 30 €.
Parrocchia San Pietro Apostolo, Via di Biasio 226, Tel. 0776-301036 (Don Fortunato) zur Mittagszeit. Geben Sie am Tag Ihrer Ankunft Bescheid. 2 kleine Zimmer im Pfarrhaus, eigene Bettwäsche erforderlich. Folgen Sie den Hinweisschildern nach Cassino hinunter und gehen Sie an der Via Casilina noch 300 m weiter Richtung Zentrum.

Cassino (Kommerzielle Unterkünfte)

BB La stazione di Posta, Via degli Eroi 9, Tel. 333-3445801 (Pasquale), videoprint@gmail.com; BB 30 € das Einzelzimmer, 50 € das Doppelzimmer. 6 Betten mit Bad. In der Stadt, Kreuzung Via de Nicola. Garage und Werkzeug für Fahrräder vorhanden.
BB Il Maniero, Via Santa Scolastica 2C; Tel. 0776-370065 / 377-2077592 (Anna Maria), annie54@virgilio.it; 3 Zimmer mit Bad, BB pro Person: 30 € im Doppel- und Dreibettzimmer; 40 € im Einzelzimmer. Küchenbenutzung, Schwimmbad, Zeltplatz unter Olivenbäumen. Am Radpilgerweg vor der Feuerwehrkaserne. Fußpilger gehen am römischen Theater rechts und dann 1 km geradeaus, hinter der Feuerwehrhalle.
BB La Costa, Via Caira, 900 m vom Zentrum von Cassino entfernt, Tel 0776-277811 / 338-4694994 (Edoardo), 2 Mansardenzimmer, Gemeinschaftsbad; an den Wänden historische Aufnahmen von der Schlacht um Monte Cassino. Für Pilger BB 54 € pro Doppelzimmer. Gehen Sie vor der Kirche Madre di Cassino 900 m Richtung Caira hinunter. Shuttleservice zum Bahnhof.

Die letzte und bewegendste Etappe des Benediktwegs!

Während die Touristenbusse über die langen Serpentinen von Cassino zur Abtei hinauffahren, nehmen wir den Fußweg, über den die polnischen Soldaten am 18. Mai 1944 die Ruinen von Montecassino erreichten. Was werden sie wohl empfunden haben, als sie das Kloster sahen: in Schutt und Asche gelegt von einem Europa, das, zerrissener und verfeindeter denn je zuvor, hier seine Wiege hat? Auch für uns ist es ein sehr emotionaler Moment, wenn wir die imposante Abtei vor uns auftauchen sehen, wiedererrichtet, „wie sie war und wo sie war". Und wenn wir jene Stätte betreten dürfen, an der Spiritualität, Kultur, Geschichte und Kunst im Lauf der Jahrhunderte zu einer beispielhaften Synthese verschmolzen sind.

NB: Für den asphaltierten Teil der Strecke (bis Madonna delle Grazie) empfiehlt es sich, bequeme Schuhe zu tragen; auf den steinigen Fußwegen sind Bergschuhe allerdings unerlässlich. Ich möchte ferner darauf hinweisen, dass man – wenngleich eher selten und abseits der Wege – hier und da noch immer auf Überbleibsel aus dem Krieg treffen kann. Entfernen Sie sich also nicht allzu weit von den ausgetretenen Pfaden; sollten Sie dennoch auf solche Objekte stoßen, berühren Sie sie nicht, sondern wählen die Notrufnummer 112 und geben dort den genauen Fundort an.

Wegbeschreibung

Von der langgestreckten Piazza in Roccasecca kommen wir zur Gabelung gegenüber dem Rathaus und nehmen die sanft abfallende Straße rechts, die uns nach 2 km in das malerische Dörfchen **Caprile** führt, von wo aus man einen schönen Blick auf das Liri-Tal und die *Monti Aurunci* genießt. In Caprile sind die Felsenkirche Sant'Angelo in Asprano und die Kirche Santa Maria delle Grazie auf jeden Fall einen Besuch wert.

Wir gehen weitere 2 km die asphaltierte Straße entlang immer leicht bergab bis nach **Castrocielo**. Am Rathaus vorbei gehen wir noch weitere 250 m geradeaus, bis wir an einen kleinen Platz kommen, in dessen Mitte ein Kreuz steht. Hier halten wir uns zunächst rechts und kommen kurz darauf an eine Gabelung, von der drei Straßen abgehen. Wir nehmen die kleine Gasse ganz links (Via Capodacqua).

Wir folgen ihr 500 m leicht bergab und dort, wo die Asphaltdecke endet, seitlich an einem Haus vorbei weiter geradeaus, bis wir wieder auf die Asphaltstraße stoßen. Wir gehen sie weiter geradeaus

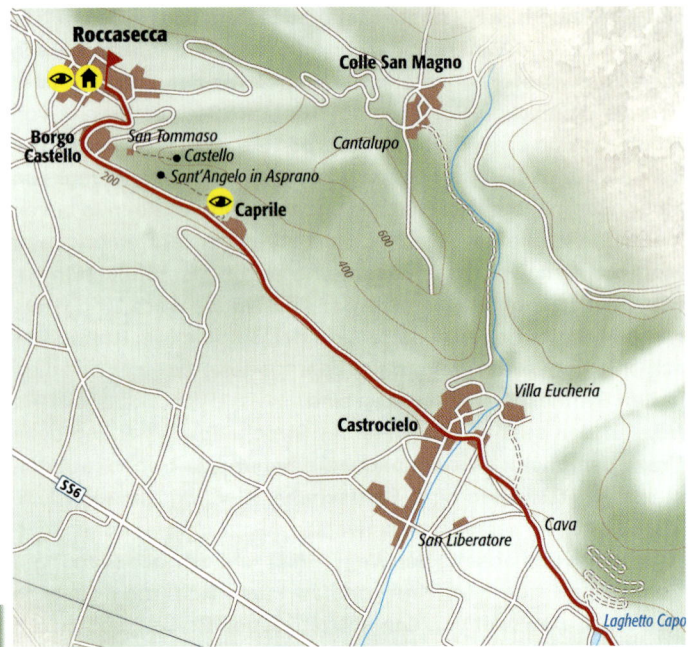

hinunter, kreuzen nach 200 m eine Straße, die zu einem Steinbruch führt, und gehen auf der gegenüberliegenden Seite geradeaus weiter bergab, bis wir nach 700 m das Kirchlein und den kleinen See von **Capodacqua** erreichen. Hier biegen wir links in die Straße nach Cavallara ein, der wir 2,9 km weit folgen, bis auf der linken Seite kurz vor **Piedimonte San Germano** dicht hintereinander zwei Sträßchen hinaufführen. Wir nehmen die erste, die Via Fontana Coperta, und gehen sie gut 100 m hinauf; dann biegen wir rechts in die Via Petrone ein, die uns nach 250 m zur *Fonte di Canneto* bringt, wo wir unsere Flaschen mit köstlichem frischen Wasser auffüllen können.

Hier gehen wir links in die Via Vallicella; die Straße führt 1,2 km steil bergauf zum Hauptplatz von **Piedimonte Alta**. Neben der Kirche folgen wir den Schildern nach Villa Santa Lucia und biegen in die Via Pagliuchella ein.

Gleich hinter dem Dorf ragt links der beeindruckende *Monte Cairo* auf, während sich rechts unter uns das Liri-Tal ausbreitet. Von Piedimonte Alta führt das Sträßchen 1,7 km bergauf zu einer kleinen Kreuzung kurz unterhalb von **Villa Santa Lucia**. Hier folgen wir den Hinweisschildern nach Madonna delle Grazie und biegen zunächst links und dann gleich wieder rechts ab.

Nachdem wir 600 m bergauf gegangen sind, biegen wir an der nächsten Kreuzung rechts in eine Straße ein, die leicht bergauf führt

Blick auf unser Ziel, die Abtei Montecassino

und nach weiteren 600 m an der Wallfahrtskirche endet. Auf dem Platz ist ein kleiner Brunnen, die letzte Gelegenheit vor Montecassino, die Wasserflaschen noch einmal aufzufüllen. Wir gehen an der Wallfahrtskirche vorbei auf eine Schotterstraße, der wir nun genau einen Kilometer lang folgen.

Achtung: Unmittelbar bevor der Schotterweg eine scharfe Linkskurve beschreibt (dahinter kommt man an ein verschlossenes Tor), biegen wir in einen kleinen Pfad ein, der links bergauf führt. Nach 200 m stoßen wir auf eine Einzäunung, an der wir entlanggehen (der Weg verläuft auf den ersten 500 m konstant in südöstliche Richtung). Es geht zwischen Steinbrocken und Ginstersträuchern bergauf; wir streifen ein Stück Pinienwald und kreuzen 400 m nach der Einzäunung einen kleinen Höhenpfad, in den wir rechts einbiegen. Gleich kommen wir an ein offenes Tor und gehen weiter.

Wir gehen mehrere 100 m über die Höhe, bis hinter einer Kurve die Abtei von Montecassino in ihrer ganzen Majestät vor uns liegt – ein überaus emotionaler Moment. Wir passieren ein weiteres offenes Tor und bleiben auf dem Pfad, der zu einem leerstehenden Bauernhaus führt.

Knapp darunter stoßen wir auf ein Sträßchen, das wir rechts bergab gehen, bis wir nach 200 m an einen vom CAI markierten Wanderweg kommen, dem wir wieder nach rechts folgen, direkt auf die vor uns liegende, heute verfallene *Masseria dell'Albaneta* zu, die einst der wichtigste landwirtschaftliche Betrieb im Umland des Klosters war und den Deutschen während der Schlacht um Montecassino als

Verteidigungsbollwerk, Kommandostützpunkt, Lazarett und Munitionslager diente.

Hier biegen wir rechts ab in ein nur stellenweise asphaltiertes Sträßchen. Wir befinden uns nun auf dem Weg, auf dem die polnischen Soldaten am 18. Mai 1944 als Erste die Ruinen von Montecassino erreichten. Wir passieren ein offenes Tor und kommen zu einer Zypressenallee; wenn man hier links geht, erreicht man nach etwa einem Kilometer den Gipfel des *Monte Calvario*, besser bekannt unter dem Namen „Berg 593": der neuralgische Punkt der Kriegsoperationen, auf dem sich heute ein von den Polen errichteter Obelisk erhebt. Von hier aus hat man den schönsten Blick auf die Abtei.

Bleibt man dagegen auf der Zypressenallee, gelangt man am Ende der Straße unten an ein verschlossenes Tor, das wir rechts an der Einfriedung entlang umgehen, bis wir durch das nächste, offenstehende Tor nach draußen gelangen. Links liegt der polnische Soldatenfriedhof; hier sind tausend Soldaten aus dem zweiten Armeekorps von General Anders begraben. Diesen viel zu früh verstorbenen jungen Männern die Ehre zu erweisen ist eine Pflicht gegenüber jenen, die für die Ausrottung des europäischen Nationalsozialismus und Faschismus gekämpft und in der Fremde den Tod gefunden haben.

Wenn wir nun rechts gehen, kommen wir auf die Straße, die von Cassino heraufführt; hinter der Kurve liegt der Eingang zur Abtei von

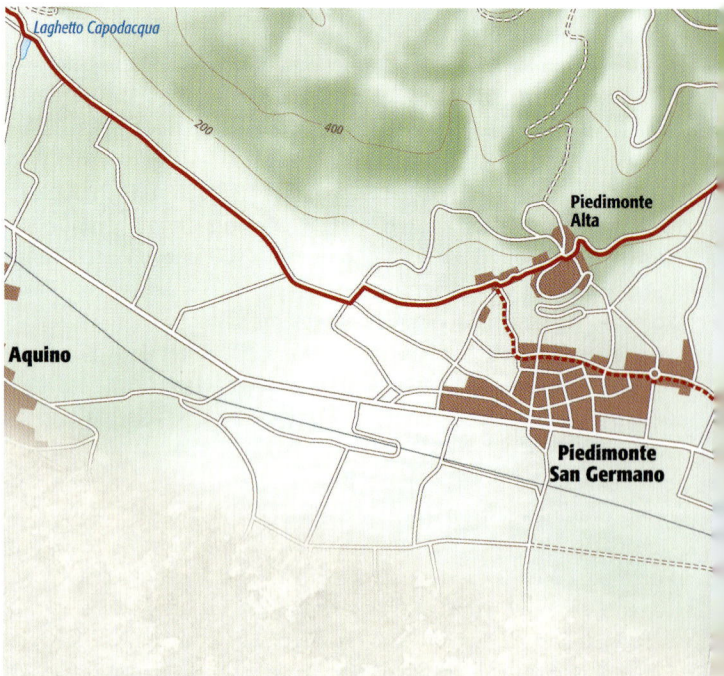

Montecassino, das Ziel dieses Weges, der uns von den Hängen der *Monti Sibillini* durch die Reatiner und Sabiner Berge, die *Monti Lucretili*, die *Monti Simbruini* und die *Monti Ernici* bis zu den letzten Ausläufern der *Mainarde* geführt hat. Die über tausendjährige Abtei empfängt uns mit einem ebenso kurzen wie eindringlichen Gruß – PAX –, der zugleich das benediktinische Lebensideal denkbar knapp und einfach auf den Punkt bringt.

Variante für Radfahrer

Der erste Streckenabschnitt bis Piedimonte San Germano stimmt mit der Fußpilgerroute überein; wenn wir an der Fonte di Canneto angekommen sind, biegen wir rechts ab und fahren dann gleich links um das Kirchlein herum, das der Quelle gegenüberliegt, und die Via Vallicella hinunter. Nach 500 m endet das Gefälle und wir biegen links in den Viale Vespucci ein. Von jetzt an geht es immer geradeaus. Hinter der Kreuzung folgen wir dem Viale Decorato, passieren eine weitere Kreuzung und einen Kreisverkehr; die Straße beschreibt eine leichte Kurve und kommt dann an eine Dreiwegekreuzung: Hier nehmen wir die Via Madonna della Neve. Nach einer weiteren Kreuzung biegen wir in die Via Santa Scolastica ein.

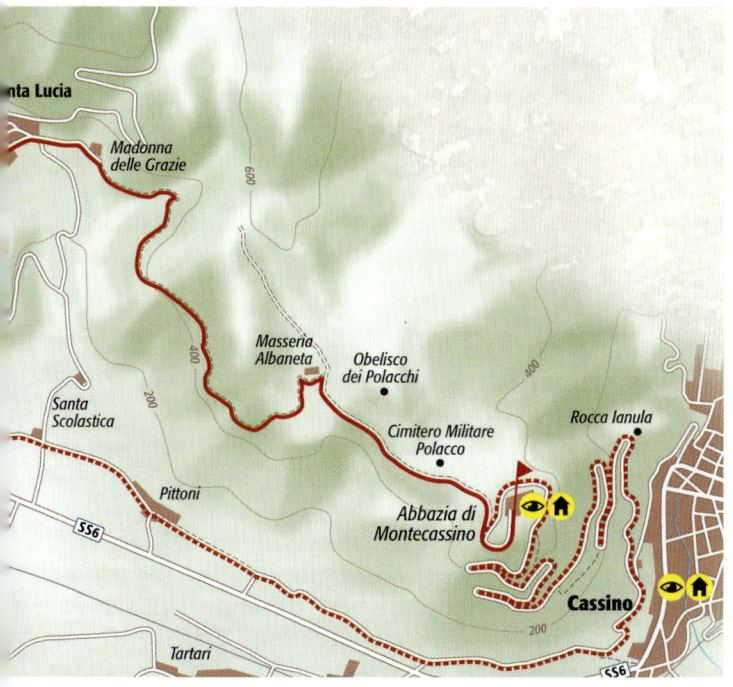

Die wiedererbaute Abtei von Montecassino

Nachdem wir dieses ruhige Sträßchen etwa 1 km entlanggefahren sind, erreichen wir eine Häusergruppe an einer Abzweigung; hier knickt die Hauptstraße rechts ab und mündet in die Staatsstraße Via Casilina ein – wir folgen ihr aber nicht, sondern fahren zunächst links und dann gleich wieder rechts, sodass wir etwa 800 m parallel zur Casilina fahren. An der nächsten Gabelung fahren wir links hinauf und biegen 200 m weiter rechts in ein Sträßchen ein, das leicht bergab führt. Hinter einer kleinen Brücke passieren wir das Ortsschild von Cassino und fahren weiter auf dieser schönen und weitgehend schattigen kleinen Straße. Am Feuerwehrhaus vorbei geht es weiter leicht bergauf, bis wir vor dem römischen Theater auf die erste Serpentine der Straße nach Montecassino stoßen. Hier fahren wir links und erreichen nach 7,5 km, sieben Serpentinen und einer durchschnittlichen Steigung von nicht ganz 5,5 Prozent endlich unser 400 m höher gelegenes Ziel.

Der Weg hinunter nach Cassino

Eine einzige 8 km lange Serpentinenstraße führt von Montecassino aus ins Zentrum von Cassino. Mit dem Rad kann man die Stadt über die wunderbare Abfahrt bequem in weniger als 10 Min. erreichen; Fußgänger können die Strecke abkürzen, indem sie auf einigen Abschnitten der schönen römischen Straße folgen (auf ihr ist schon der heilige Benedikt selbst gegangen!), die in der Antike die Ebene von Cassino mit Montecassino verband. Das Pflaster dieser Straße, die erst vor kurzem wieder begehbar gemacht wurde, befindet sich in

einem ausgezeichneten Zustand, und es ist schon ein ganz beson-
deres Gefühl, sich bewusst zu machen, wie viele Mönche, Äbte,
Päpste und Kaiser im Lauf von über tausend Jahren über ebendiese
Straße gegangen sind … Außerdem kann man dem Autoverkehr ein
Stück weit aus dem Weg gehen und eine wundervolle Sicht auf die
Liri-Ebene und die *Monti Aurunci* genießen.

Zur römischen Straße kommt man, wenn man von der Abtei aus
zunächst 1,2 km die asphaltierte Straße entlanggeht, das heißt der
ersten Serpentine folgt, bis man direkt unterhalb der Abtei an einen
Lieferanteneingang kommt, der auf das Klostergelände führt. Hier
befindet sich auf der linken Straßenseite ein verschlossenes Tor, das
man jedoch seitlich passieren kann. Von hier aus gelangen wir zur
römischen Straße, die uns bergab zum *Inginocchiatoio* des hl. Benedikt führt: einem ausgehöhlten Stein mit einem darüber aufge-
stellten Kreuz. Hier, so will es die Überlieferung, soll der Heilige auf
seinem Weg von Subiaco beim Anblick des Heiligen Berges auf die
Knie gesunken sein und dabei seinen Abdruck im Stein hinterlassen
haben.

Wir folgen weiter dem antiken Pflaster, kommen wieder auf die asphaltierte Straße und gehen für die nächsten zwei Serpentinen daran entlang; der Krümmung von Serpentine Nummer 4 folgen wir
noch für 700 m, bis wir rechts ein Wildwechselwarnschild sehen.
Dort klettern wir über die Leitplanke und kommen wieder auf den
Römerweg; dieser Abschnitt ist hervorragend erhalten und der Panoramablick auf die Stadt Cassino wunderschön. Wir gehen weiter,
bis wir an der Serpentine Nummer 2 wieder auf die asphaltierte
Straße stoßen, auf der wir nun bleiben. Sie führt unter anderem an

Römerweg mit Blick auf Cassino

einem Ausgrabungsgelände vorbei, wo man die Überreste der römischen Stadt *Casinum* freigelegt hat: ein gut erhaltenes Stück der *Via Latina*, ein Theater, ein Amphitheater, Thermen, Gräber und Stadtmauern.

Zum historischen Museum und zum Bahnhof biegen wir an der Kurve in der Nähe des römischen Theaters rechts in die kleine Via Crocifisso und nach 250 m links in die Via Pantoni ein, die uns binnen kurzem auf die Casilina führt. Hier gehen wir links und biegen dann nach 150 m rechts in den Viale Bonomi ein. Das *Historiale* liegt nach 400 m auf der rechten Seite, und zum Bahnhof geht es weiter geradeaus.

Wenn Sie lieber mit öffentlichen Verkehrsmitteln nach Cassino fahren möchten – der Bus fährt dreimal täglich an der Esplanade der Abtei ab (Endstation Piazza San Benedetto): um 10.10, um 12.45 und um 17.20 Uhr.

... und über Cassino hinaus

Von Cassino aus kann man auf zwei komplett erschlossenen Jerusalempilgerwegen weiter nach Apulien wandern:

Con le ali ai piedi (Angela Seracchioli: *Con le ali ai piedi*, Mailand 2011) nach Monte Sant'Angelo auf der Halbinsel Gargano. Nehmen Sie den Zug nach Carpinone (über Campobasso, etwa eine Stunde, durchgehende Verbindung; Fahrradmitnahme möglich). Von dort aus ist Monte Sant'Angelo für Fußpilger in 10 und für Fahrradpilger in 4–5 Tagen erreichbar.

Via Francigena del Sud (Monica D'Atti / Franco Cinti: *La Via Francigena del Sud*, Mailand 2011) nach Monte Sant'Angelo und Santa Maria di Leuca: für Fußpilger 24, für Radfahrer 11–12 Etappen.

Sehenswürdigkeiten

CAPRILE: Dieser im tiefsten Mittelalter entstandene Ort wurde zunächst unweit der Einsiedelei Sant'Angelo in Asprano gegründet und dann nach unten verlegt – dorthin, wo heute die Kirche **Santa Maria delle Grazie** aus dem 14. Jh. steht. Ihr Äußeres ist in romanischem Stil gehalten; über dem Eingangsportal fällt eine Madonna mit Kind ins Auge, während die zum Platz hin gewandte Seite ein Fresko aus dem Jahr 1664 schmückt. Es stellt den hl. Christophorus dar und seine gewaltigen Ausmaße erlaubten es den Pilgern und Mönchen, die nach Montecassino unterwegs waren, den Segen des Heiligen sozusagen „aus der Ferne" zu empfangen.

Caprile, Felsenkirche Sant'Angelo in Asprano

Von der *Piazzetta* aus führt ein Fußweg in etwa 10 Min. zur **Felsen-kirche Sant'Angelo in Asprano** (auch San Michele genannt), die sich im Inneren einer großen Höhle befindet. Wahrscheinlich hat die natürliche Grotte ursprünglich einem Eremiten als Zuflucht gedient; nach und nach wird hier eine kleine Gemeinschaft von Mönchen entstanden sein, die schließlich auch eine Kirche bauten. Das kost-bare Fresko in byzantinischem Stil zeigt eine betende Muttergottes im Kreis der Apostel, die eine Mandorla mit dem als Pantokrator dargestellten Christus hält. Detailreichtum und Sorgfalt sprechen für das Werk eines Mönchs, vermutlich eines benediktinischen Schrei-bers.

Wenn Sie die Kirchen Santa Maria delle Grazie und Sant'Angelo in Asprano besuchen möchten, wenden Sie sich an den Verein „Amici della Montagna": Angelo Ciampa, Tel. 320-3480383.

■ Das römische Straßensystem

Die Römer waren große Straßenbauer und besaßen ein ganz besonderes Geschick im Umgang mit den Gegebenheiten des Terrains für die Wahl der geeignetsten Streckenführung und die Art der Konstruktion. Am liebsten bauten sie Höhenstraßen und mieden die Täler, um ihre Straßen vor Hochwasser und Vermurungen zu schützen. In der Ebene führten die Abschnitte über künstlich angelegte Dämme und im Hügelland folgten sie der Kammlinie; im Gebirge verliefen sie auf halber Höhe über die windgeschützten, der Sonne zugewandten Hänge.

Die Bautechnik weist trotz aller durch das Gelände und die Ressourcen vor Ort bedingten Unterschiede einige gleichbleibende Grundmerkmale auf: ein Schotterbett oder einen Damm; eine mit Kalk oder Lehm gebundene Zwischenschicht aus Kies, Geröll und Split; und das *Pavimentum*, die Straßendecke.

Bevor man die Schichtung aufbrachte, hob man zunächst einen Graben aus, bis man auf hinreichend festen Untergrund stieß; in besonders feuchten Gebieten befestigte man die Straßen mit Pfählen oder drainierte sie mithilfe von Amphoren. Die Bezeichnung der Straße richtete sich nach dem *Pavimentum*. Die bekannteste, weil bis in unsere Zeit erhaltene römische Straßendecke ist das Pflaster: polygonale, an der Oberseite abgeflachte Steine. Die gepflasterten Straßen hießen *lapidibus stratae*, oder einfach *stratae*, also „gepflasterte", und kamen vor allem in den städtischen Zentren vor; außerhalb der Städte waren hingegen meist die einfacheren und kostengünstigeren *Viae glareatae* mit einer festgestampften Oberfläche aus Split und Kies, also Schotterwege, und die *Viae terrenae* aus festgestampfter Erde üblich.

Fand man einen besonders festen Untergrund vor – zum Beispiel Tuffstein oder Felsen wie in den Alpenregionen –, grub man die Straßen direkt hinein und schuf so eine ebene Fläche. Römische Straßen waren normalerweise zur Mitte hin höher als an den Rändern, damit das Regenwasser in die seitlich angelegten Gräben abfließen konnte.

Eine Gesellschaft, die ihre Macht auf Kriegszüge und effiziente Verwaltung gründete, war dringend auf schnelle Verkehrswege angewiesen: Deshalb bevorzugte man gradlinige Straßenverläufe, die über Nebenstraßen mit den eigentlichen Stadtzentren verbunden waren. Auf der *Via Appia* von Rom nach Terracina oder der *Via Emilia* von Cesena nach Piacenza kann man diesen schnurgeraden Verlauf der römischen Straßen noch heute bestaunen. Diese gleichmäßige Streckenführung und Höhe erreichten die Römer durch wahre Meisterleistungen der Ingenieurskunst wie Brücken, Viadukte, Rodungen, Terrassierungen und Untertunnelungen, deren technische Kühnheit und Unzerstörbarkeit uns auch heute noch mit Bewunderung erfüllen.

Montecassino

Endlich haben wir unser Ziel erreicht: Es ist ein unbeschreibliches Gefühl, an einem der wichtigsten Orte der Kirchengeschichte zu stehen! Zu der beinahe 1500-jährigen Geschichte der Abtei kann ich hier nur einige wenige Hinweise geben – eine detailliertere Beschreibung der historischen und künstlerischen Aspekte finden Sie in einem der zahlreichen Reiseführer.

Besichtigungszeiten der Abtei Montecassino: 8.45–12.30 Uhr / 15.30–18 Uhr (17 Uhr in der Winterzeit). Heilige Messe an Sonn- und Feiertagen: 9, 10.30 und 12 Uhr.

Zerstörungen und Wiederaufbau

Der Überlieferung nach wurde die Abtei 529 gegründet, als der hl. Benedikt auf dem Weg von Subiaco hierherkam und auf den Überresten der römischen Akropolis von *Casinum* ein Oratorium zum hl. Martin und eine kleine Kirche errichtete, die er Johannes dem Täufer weihte. Nachdem er den Mönchen seine Regel geschenkt hatte, starb Benedikt am 21. März 547 in Montecassino.

577 wurde das Kloster zum ersten Mal zerstört, und zwar von den Langobarden; mit der Wiedereröffnung 717 durch Abt Petronax begann eine glanzvolle Blütezeit für die Abtei. Viele große Männer des Mittelalters statteten ihr einen Besuch ab: Pippins Bruder Karlmann, der Langobardenkönig Ratchis, Anselm, der später Abt von Nonantola wurde, und 787 Karl der Große selbst, der der Abtei bedeutende Privilegien erteilte. 883 überfielen Sarazenen das Kloster, plünderten es und steckten es in Brand; erst 949 wurde es wieder aufgebaut.

Ganz im Einklang mit ihrer Regel kopierten die Mönche das gesamte Mittelalter hindurch in ihrer Schreibstube nicht nur biblische Texte, sondern auch die wichtigsten Werken der klassischen Antike. Diese Tatsache verlieh dem benediktinischen Mönchtum jene Aura von Bildung, die seine Klosteranlagen über Jahrhunderte hinweg zu den intellektuellen Zentren der europäischen Gesellschaft machen sollte.

Obwohl sie noch mehrfach verwüstet wurde, nahmen die Macht und das Ansehen der Abtei kontinuierlich zu. Nach der Jahrtausendwende war sie dank ihrer Bibliotheken, Archive und Skriptorien das bedeutendste kulturelle Zentrum Europas und das Mutterhaus eines Ordens, dessen Einflussgebiet von Skandinavien bis auf die iberische Halbinsel und von Irland bis nach Polen reichte. Im 11. Jahr-

Montecassino, der Kreuzgang von Bramante

hundert finden sich in der Reihe der Äbte von Montecassino so bedeutende Namen wie Theobald, Richer oder auch Friedrich von Lothringen, der spätere Papst Stefan IX. Unter ihnen erlangte die Abtei allerhöchstes kirchliches und politisches Prestige und diese Entwicklung gipfelte in der außergewöhnlichen Persönlichkeit von Abt Desiderius. Dieser Freund und Mitstreiter Papst Gregors VII. im Kampf um die Freiheit der Kirche trat 1086 dessen Nachfolge an und nannte sich Viktor III.: Während seiner Zeit als Abt von Montecassino wurde die Basilika prachtvoll wiederaufgebaut und der klösterliche Bestand an illuminierten Handschriften, Mosaiken, Emaillearbeiten und liturgischem Gerät in östlicher Machart beträchtlich vergrößert.

1349 machte ein Erdbeben die Abtei dem Erdboden gleich. Beim anschließenden Wiederaufbau wurde sie an vielen Stellen erweitert und verschönert. Im Lauf des 17. Jhs. prägte der neapolitanische Barock das Erscheinungsbild von Montecassino und verlieh dem Kloster jenen majestätischen und monumentalen Charakter, den es sich die nachfolgenden Jahrhunderte hindurch bewahrte, bis Montecassino am 15. Februar 1944, in der Schlussphase des Zweiten Weltkriegs, zwischen die Fronten geriet. Der Ort des Gebets und des Studiums, an dem überdies Hunderte wehrloser Zivilisten Asyl gefunden hatten, wurde binnen drei Stunden in ein Trümmerfeld verwandelt. Der originalgetreue Wiederaufbau dauerte von 1948 bis 1956.

Künstlerische Aspekte

Die bauliche Ausdehnung des Klosters und sein künstlerischer Reichtum wuchsen stets proportional zum Ansehen der Abtei. Um die beiden ursprünglichen Kirchenbauten herum entwickelte sich Schritt für Schritt eine beeindruckende Anlage mit trapezförmigem Grundriss, in deren Zentrum die aus dem alten Johanneskirchlein hervorgegangene Basilika stand. Nach der Zerstörung durch die Sarazenen wurde sie durch eine neue, größere Kirche ersetzt, auf die dann nach dem Erdbeben von 1349 ein neuer Kirchenbau folgte, der zwischen 1357 und 1366 fertiggestellt wurde. Im Lauf des 17. Jhs. erhielt die Kirche ihre heutige Form. Vor ihr liegen eine Reihe großer, miteinander verbundener Kreuzgänge, die sich zu einem mehrgeschossigen Arkadenkomplex verflechten; und rechts und links der Kirche befinden sich die eigentlichen Klostergebäude mit den Mönchszellen und Wirtschaftsgebäuden. Der „materielle" Teil dieser ruhmreichen Vergangenheit wurde im letzten Krieg zerstört, doch ihr Geist bleibt untrennbar mit diesem Ort verbunden. Auch wenn die Steine ihre Patina und historische Faszination verloren haben, ist die suggestive Kraft einer mehr als tausendjährigen Geschichte noch immer lebendig, ganz zu schweigen von den kostbaren Bänden in der Bibliothek, den Landkarten im Archiv und den erhaltenen Kunstwerken: vom 1066 in Konstantinopel gegossenen Bronzetor bis hin zur Anfang des 20. Jhs. in Auftrag gegebenen Ausstattung der Krypta. Und was die Bomben auch nicht zerstört haben, ist das Grab von Benedikt und Scholastika, die einander im Leben so nahegestanden haben und nun auch im Tod vereint sind.

Blick in den reich verzierten Chor der Basilika von Montecassino

Die Schlacht um Montecassino

Die Schlacht um Montecassino führte zum Zusammenbruch der sogenannten „Gustav-Linie", der deutschen Verteidigungslinie, und gilt deshalb zu Recht als eine der entscheidenden und blutigsten Schlachten des ganzen Zweiten Weltkriegs. Sie wurde in vier Phasen, den „vier Schlachten von Cassino" zwischen dem 11. Januar und dem 18. Mai 1944 ausgefochten. Die ersten beiden Phasen waren von dem Versuch der Alliierten bestimmt, Montecassino und die umliegenden Höhen zu erobern, und endeten mit der totalen Zerstörung des Klosters durch ihre Bomben am 15. Februar desselben Jahres.

In der dritten Phase versuchten die alliierten Streitkräfte gegen den erbitterten Widerstand der deutschen Fallschirmjäger die Stadt Cassino einzunehmen; diese Phase endete am 15. März mit einem Flächenbombardement, das Cassino dem Erdboden gleichmachte. Die letzte Phase war ein konzertierter Angriff auf der gesamten Länge der Front: vom Fuß des *Monte Cairo* bis zur Mündung des Garigliano. Die deutsche Verteidigungslinie wurde in den *Monti Aurunci* und am Fluss Gari durchbrochen, und am 18. Mai eroberten polnische Truppen das Trümmerfeld von Montecassino.

Die Abtei wurde originalgetreu wiederaufgebaut und im Oktober 1964 von Paul VI. neu geweiht. Bis heute ist die genaue Zahl der Opfer der Schlacht um Montecassino nicht bekannt, doch man schätzt, dass es um die 120.000 Soldaten und Zivilisten waren – ein unerhört hoher Verlust an Menschenleben.

Zu ihrem Gedenken ist 2004 in Cassino das **Historiale** eingeweiht worden, ein multimediales Museum, das dem Besucher einen der blutigsten Augenblicke der europäischen Geschichte vor Augen führt. Und es ist sicher kein Zufall, dass der Weg des hl. Benedikt, der ein Mann des Friedens war, gerade hier endet: in der Märtyrerstadt Cassino. Mögen die geschichtlichen Ereignisse niemals in Vergessenheit geraten, sondern eine immerwährende Mahnung gegen alle Kriege sein!

Auf den Spuren des heiligen Benedikt in Montecassino

Die meisten (nämlich gut 30 von insgesamt 38!) Episoden, die in den *Dialogen* Gregors des Großen überliefert sind, spielen hier.

Ankunft in Montecassino

Die Ankunft in Montecassino ist meisterhaft beschrieben und erinnert an die Kameraführung bei einem Kinofilm: das Land, der Berg, der Tempel, die Haine – und dann der Zoom auf die Hauptfigur. Wie Jesus, der gegen die Vermischung von Heiligem und Profanem angeht und die Tische der Händler im Tempel umstößt, befreit auch Benedikt den Ort von den antike Altären und heidnischen Überresten, um eine neue, auf Christus gegründete Zivilisation aufzubauen.

> *Ein befestigter Ort mit Namen Casinum liegt am Abhang eines hohen Berges. Dieser Ort schmiegt sich in eine weite Mulde des Berges, der sich über drei Meilen zur vollen Höhe erhebt. Mit seinem Gipfel ragt er gleichsam in den Himmel. Dort stand ein uraltes Heiligtum, wo nach dem Brauch der heidnischen Vorfahren die einfältige Landbevölkerung den Gott Apollo verehrte. Ringsum waren heilige Haine gewachsen, die dem Dämonenkult dienten. Hier plagten sich noch damals viele uneinsichtige Heiden mit ihren Götzenopfern ab.*
>
> *An diesen Ort kam nun der Mann Gottes. Er zerstörte das Götterbild, stürzte den Altar um, holzte die heiligen Haine ab. Im Tempel des Apollo errichtete er ein Oratorium zu Ehren des heiligen Martin und an der Stelle des Apolloaltares erbaute er ein Oratorium zu Ehren des heiligen Johannes.*
>
> *Den Leuten, die ringsum wohnten, verkündete er beharrlich die Frohe Botschaft und rief sie so zum Glauben.*

Die Begegnung mit Totila, dem König der Ostgoten

Diese Episode spielt vermutlich im Herbst 542 während des Kriegs zwischen Goten und Byzantinern. Totila, der König der Goten, ist auf dem Weg nach Neapel, um die Stadt zu belagern; in Cassino begegnet er Benedikt. Er hat bereits vom Charisma des heiligmäßigen Mönchs gehört und beschließt, ihn mit einer Maskerade auf die Probe zu stellen. Benedikt durchschaut die Verkleidung, und als der echte Totila vor ihn hintritt, gibt er ihm eine prophetische Warnung mit auf den Weg. Der Barbar fällt dem Diener Christi zu Füßen, weil er erkennt, dass dessen Autorität nicht von Menschen, sondern von Gott stammt.

Zur Zeit der Goten hörte ihr König Totila, der heilige Mann sei prophe-
tisch begabt. Er zog zum Kloster, hielt in einiger Entfernung an und ließ
seine bevorstehende Ankunft melden. Vom Kloster wurde ihm sofort mit-
geteilt, er könne kommen. Weil Totila aber misstrauisch war, wollte er
herausfinden, ob der Mann Gottes wirklich prophetischen Geist besitze.
Er gab deshalb einem seiner Schwertträger namens Riggo seine Schu-
he, ließ ihn die königlichen Gewänder anziehen und befahl ihm, sich
dem Mann Gottes als König Totila vorzustellen. Zum Gefolge gab er
ihm drei Grafen aus seiner engsten Begleitung mit: Vult, Ruderich und
Blidin. Vor dem Diener Gottes sollten sie so tun, als ob Riggo der König
Totila wäre, und ständig an seiner Seite bleiben. Er gab ihnen noch
weitere Gefolgsleute und Schwertträger mit. So sollte jeder wegen die-
ses Gefolges und der Prunkgewänder denken, Riggo wäre der König.
Riggo betrat in den königlichen Gewändern und mit großem Gefolge
den Klosterbereich. Der Mann Gottes saß in einiger Entfernung. Er sah
Riggo, ließ ihn bis in Hörweite kommen und rief ihm zu: „Leg ab, mein
Sohn! Leg ab, was du anhast! Es gehört nicht dir!" Riggo fiel sofort zu
Boden; er war zu Tode erschrocken, weil er es gewagt hatte, mit einem
solchen Mann sein Spiel zu treiben. Auch alle anderen, die mit ihm zum
Mann Gottes gekommen waren, stürzten fassungslos zu Boden. Sie
standen dann wieder auf, wagten aber nicht, sich Benedikt zu nähern,
sondern sie kehrten zu ihrem König zurück und berichteten ihm zit-
ternd, wie rasch sie durchschaut worden waren.

Hierauf begab sich Totila selbst zum Mann Gottes. Er sah ihn in einiger
Entfernung dasitzen, hatte aber nicht den Mut, näher zu kommen, son-
dern warf sich auf die Erde. Zwei- oder dreimal sagte ihm der Mann
Gottes: „Steh auf!", aber Totila wagte nicht, sich vor ihm aufzurichten.
Da ging Benedikt, der Diener des Herrn Jesus Christus, schließlich
selbst zum König hin, der am Boden lag, und hob ihn eigenhändig auf.
Er hielt ihm seine Untaten vor und sagte ihm mit wenigen Worten sein
künftiges Geschick voraus: „Viel Böses tust du, und viel Böses hast du
getan. Lass endlich ab von deinen bösen Taten! Ja, du wirst in Rom
einziehen und auch das Meer überqueren. Neun Jahre wirst du regie-
ren, doch im zehnten wirst du sterben." Der König erschrak sehr, als er
das hörte. Er bat ihn um sein Gebet und zog wieder ab. Von da an war
er nicht mehr so grausam.

Benedikt sagt die Zerstörung seines Klosters voraus

Trotz seines gemäßigten und unerschütterlichen Charakters reagierte Benedikt
sehr menschlich, als er von der bevorstehenden Zerstörung seines Klosters durch
die Langobarden erfuhr.

Ein vornehmer Mann namens Theoprobus war den Mahnungen des Vaters Benedikt gefolgt und wurde Asket. Er führte ein vorbildliches Leben und genoss deshalb sein großes Vertrauen. Eines Tages kam er in Benedikts Zelle und sah, wie er bitter weinte. Er wartete lange und merkte, dass die Tränen kein Ende nahmen. Der Mann Gottes weinte, nicht wie er es bisweilen beim Beten tat, sondern aus großem Kummer. Da fragte er ihn nach dem Grund seiner Trauer.

Der Mann Gottes erwiderte: „Dieses ganze Kloster, das ich erbaut habe, und alles, was ich für die Brüder eingerichtet habe, ist nach dem Ratschluss des allmächtigen Gottes fremden Völkern preisgegeben. Nur mit Mühe habe ich erreichen können, dass mir das Leben der Brüder zugestanden wurde."

Theoprobus hörte damals diese Worte; wir aber sehen ihre Erfüllung. Wir wissen, dass das Kloster vor kurzem von den Langobarden zerstört worden ist. Nachts, als die Brüder schliefen, drangen sie dort ein und plünderten alles, konnten aber keinen einzigen Menschen ergreifen. So erfüllte der allmächtige Gott, was er seinem treuen Diener Benedikt versprochen hatte: Wenn er auch Hab und Gut den Eroberern preisgebe, werde er doch das Leben der Menschen schützen. Ich sehe, dass es Benedikt hier wie Paulus ergangen ist. Auch dieser musste erleben, dass sein Schiff die ganze Ladung verlor; zu seinem Trost durfte er aber erfahren, dass ihm das Leben all seiner Begleiter geschenkt wurde.

Das Wunder der heiligen Scholastika

Diese schöne Episode, die auch im *Sacro Speco* in Subiaco dargestellt ist, bringt das psychologische Profil der Protagonisten gut zum Ausdruck. Scholastika, die das Ende ihres irdischen Lebens nahen sieht, möchte sich eine ganze Nacht lang mit ihrem Bruder unterhalten. Die beiden pflegten sich nur einmal im Jahr zu treffen: an einem Ort auf halber Strecke zwischen dem Männer- und dem Frauenkloster. Benedikt wird sicherlich denselben Wunsch gehabt haben, aber er konnte doch nicht die Regel brechen, die den Abt verpflichtete, die Nacht im Kloster zu verbringen! In diesem Konflikt zwischen Gesetz und Liebe gewann Scholastika mit Gottes Hilfe die Oberhand. Denn, wie der heilige Gregor der Große anmerkt: „Nach einem Wort des Johannes ist Gott die Liebe. So ist es ganz richtig: Jene vermochte mehr, weil sie mehr liebte."

Seine Schwester Scholastika war von Kindheit an dem allmächtigen Gott geweiht. Sie war gewohnt, ihren Bruder einmal im Jahr zu besuchen. Der Mann Gottes ging jedes Mal zu ihr hinunter zu einem Gut des Klosters, das nicht weit entfernt lag.

Eines Tages kam sie wie üblich, und ihr ehrwürdiger Bruder stieg mit einigen Jüngern zu ihr hinab. Sie verbrachten den ganzen Tag im Lob

Gottes und im geistlichen Gespräch. Bei Einbruch der Dunkelheit hielten sie miteinander Mahl. Während sie noch am Tisch saßen und ihr geistliches Gespräch fortsetzten, wurde es spät. Da flehte die gottgeweihte Frau, seine Schwester, ihn an: „Ich bitte dich, lass mich diese Nacht nicht allein, damit wir noch bis zum Morgen von den Freuden des himmlischen Lebens sprechen können." Er antwortete ihr: „Was sagst du da, Schwester? Ich kann auf keinen Fall außerhalb des Klosters bleiben."

Es war so heiteres Wetter, das sich keine Wolke am Himmel zeigte. Sobald aber die gottgeweihte Frau die Weigerung ihres Bruders hörte, fügte sie die Finger ineinander, legte ihre Hände auf den Tisch und ließ ihr Haupt auf die Hände sinken, um den allmächtigen Gott anzuflehen. Als sie dann das Haupt vom Tisch erhob, blitzte und donnerte es so stark, und ein so gewaltiger Wolkenbruch ging nieder, dass weder der heilige Benedikt noch die Brüder in seiner Begleitung einen Fuß über die Schwelle des Hauses setzen konnten, in dem sie beisammen waren. Die gottgeweihte Frau hatte nämlich ihr Haupt auf die Hände gesenkt und Ströme von Tränen auf den Tisch vergossen. Dadurch erreichte sie, dass es aus heiterem Himmel zu regnen begann. Diese Regenflut folgte nicht erst nach dem Gebet, sondern Gebet und Regen trafen so zusammen, dass es schon donnerte, als sie das Haupt vom Tisch erhob. Im gleichen Augenblick erhob sie das Haupt, und der Regen strömte nieder. Der Mann Gottes sah nun ein, dass er bei Blitz, Donner und dem gewaltigen Wolkenbruch nicht zum Kloster zurückkehren konnte. Da wurde er traurig und klagte: „Der allmächtige Gott vergebe dir, Schwester! Was hast du da getan?" Sie erwiderte ihm: „Sieh, ich habe dich gebeten, und du hast mich nicht erhört; da habe ich meinen Herrn gebeten, und er hat mich erhört. Geh nur, wenn du kannst. Verlass mich und kehre zum Kloster zurück!" Da er das Haus nicht verlassen konnte, blieb er gegen seinen Willen, nachdem er freiwillig nicht hatte bleiben wollen. So konnten sie die ganze Nacht durchwachen, in heiligen Gesprächen ihre Erfahrungen über das geistliche Leben austauschen und sich gegenseitig stärken.

Die Mönchsregel

Mit der Regel hat Benedikt uns einen Spiegel seiner eigenen Persönlichkeit und ein Musterbeispiel des christlichen Lebens hinterlassen, das sich nicht auf abstrakte Begriffe beruft und sich auch keine unrealistischen Ziele setzt, sondern im Gegenteil eine tiefe Kenntnis des Menschen mit seinen Grenzen und Schwächen verrät. Und das überdies – anders als manche früheren monastischen Lebensmodelle – nicht der Versuchung einer selbstzweckhaften und daher fruchtlosen Askese erliegt.

Nicht nur die zahlreichen Wunder des Gottesmannes wurden in der Welt berühmt, sondern auch das Wort seiner Lehre strahlte hell auf. Er schrieb eine Regel für Mönche, ausgezeichnet durch maßvolle Unterscheidung und wegweisend durch ihr klares Wort. Wer sein Wesen und sein Leben genauer kennenlernen will, kann in den Weisungen dieser Regel alles finden, was er als Meister vorgelebt hat: Der heilige Mann konnte gar nicht anders lehren, als er lebte.

Heimgang in die Ewigkeit

Benedikt stirbt aufrecht stehend, von seinen Jüngern gestützt, und streckt die Arme zum Himmel empor, als wolle er alle Christen einladen, ihren Sinn stets „auf das Himmlische" zu richten (Kol 3,1–2). Und ihr Leben leuchten zu lassen wie seines, dessen Licht in einer finsteren Zeit aufstrahlte und unsere Wege noch heute erhellt.

Das Jahr, in dem Benedikt aus dem Leben scheiden sollte, war gekommen. Da sagte er einigen Jüngern im Kloster und einigen in der Ferne den Tag seines heiligen Todes voraus. Die bei ihm lebten, wies er an, über das Gehörte zu schweigen, die Abwesenden wies er auf ein bestimmtes Zeichen hin, das sie empfangen sollten, wenn seine Seele aus dem Leib scheiden werde. Sechs Tage vor seinem Tod ließ er sein Grab öffnen. Bald darauf befiel ihn hohes Fieber und große Hitze schwächte ihn. Von Tag zu Tag verfielen zunehmend seine Kräfte.

Am sechsten Tag ließ er sich von seinen Jüngern in die Kirche tragen; dort stärkte er sich durch den Empfang des Leibes und Blutes unseres Herrn für seinen Tod. Er ließ seine geschwächten Glieder von den Händen seiner Schüler stützen, so stand er da, die Hände zum Himmel erhoben, und hauchte unter Worten des Gebetes seinen Geist aus.

An diesem Tag empfingen zwei seiner Brüder eine Offenbarung durch ein und dieselbe Schau; der eine hielt sich im Kloster auf, der andere lebte weiter entfernt. Sie sahen, wie eine Straße von seinem Kloster genau in östlicher Richtung bis zum Himmel reichte; sie war mit Teppichen ausgelegt und von zahllosen Lampen erleuchtet. Oben stand strahlend ein Mann von ehrfurchtgebietendem Aussehen und fragte sie, für wen dieser Weg sei, den sie sahen. Sie gaben zu, sie wüssten es nicht. Da sagte er zu ihnen: „Dies ist der Weg, auf dem Benedikt, den der Herr liebte, zum Himmel emporsteigt." Somit sahen die Jünger, die zugegen waren, den Heimgang des heiligen Mannes mit eigenen Augen, die abwesenden erkannten ihn aus dem Zeichen, das Benedikt ihnen vorhergesagt hatte.

Er wurde im Oratorium des heiligen Johannes begraben, das er selbst nach der Zerstörung des Apolloaltars erbaut hatte. Benedikt wirkt auch in der Höhle, die er früher in Subiaco bewohnt hat, noch jetzt herrliche Wunder, wenn der Glaube der Hilfesuchenden es verlangt.

Literaturhinweise

Der heilige Benedikt von Nursia und die benediktinische Regel

Gregor der Große: *Der hl. Benedikt. Buch II der Dialoge*,
  lateinisch/deutsch, St. Ottilien 1995.

Luigi Salvatorelli: *Benedikt, der Abt des Abendlandes*,
  Hamburg und Leipzig 1937.

Andrea Pamparana: *Benedetto. Padre di molti popoli*,
  Mailand 2006.

Anselm Grün: *Benedikt von Nursia*, Freiburg i. Br. 2002.

Flaminia Morandi: *San Benedetto. Una luce per l'Europa*,
  Mailand 2009.

Mönchtum und Pilgerschaft

Anselme Davril / Eric Palazzo: *La vita dei monaci al tempo
  delle grandi abbazie*, Mailand 2009.

Norbert Ohler: *Pilgerleben im Mittelalter*, Freiburg i. Br. 1994.

Paolo G. Caucci von Saucken / Paolo Asolan: *Cammini in Europa*,
  Mailand 2009.

Reiseführer und Vertiefendes

Angela Maria Seracchioli: *Der Franziskusweg von La Verna
  über Gubbio und Assisi bis Rieti. Auf den Spuren des
  Franz von Assisi*, 3. Auflage Innsbruck 2013.

Angela Maria Seracchioli: *Con le ali ai piedi*, Mailand 2011.

Monica D'Atti / Franco Cinti: *La via Francigena del Sud*,
  Mailand 2011.

Giancarlo Cotta Ramusino, *Camminatori*, Mailand 2013.

Gian Maria Grasselli / Pietro Tarallo: *Monasteri in Italia*,
  Mailand 2013.

Versch. Verf.: *Le strade dell'Italia Romana*, Mailand 2004.

Claudio Bacilieri: *I borghi più belli d'Italia*, Rom 2012.

Karten

Latium: Straßenkarte 1:200.000, De Agostini.

Reatiner Berge und Terminillo: Wanderkarte 1:25.000.

Monti Lucretili, Monte Navegna und Monte Cervia:
  Wanderkarte 1:25.000.

Monti Ernici: Wanderkarte 1:25.000, Edizioni Il Lupo.

Melfa-Schlucht und Monte Cairo: Wegekarte 1:20.000,
  www.montecairotrekking.it.

**Jakobsweg-
und Pilgerführer
im Tyrolia-Verlag**

Canterbury

Beauport

5-6

Poitiers

5

Santiago de
Compostela

2 Oviedo

Le

1

St-Jean-
Pied-de-Port

Puente
la Reina

Arles

4

3

Sevilla

Blau: Jakobswege　　　**Rot: andere Pilgerwege**

1 *Grégoire, Der spanische Jakobsweg, Camino Francés*
978-3-7022-3021-0　　€ 9.95

2 *Lindenthal, Camino Primitivo, Oviedo – Santiago*
978-3-7022-3101-9　　€ 14.95

3 *Gruber, Via de la Plata, Bildband*
978-3-7022-3053-1　　€ 29.95

4 *Lindenthal, Nach Santiago ..., Via Tolosana, Arles – Santiago*
978-3-7022-2344-1　　€ 14.90

5 *Lindenthal, Auch Santiago ..., Beauport – Saint-Jean-Pied-de-Port*
978-3-7022-2739-5　　€ 14.90

6 *Lindenthal, Jakobsweg Bretange, Beauport – Poitiers*
978-3-7022-2571-1　　€ 19.90

7 *Kolbinger, Jakobsweg Prag – Regensburg – Eichstätt – Donauwörth*
978-3-7022-2728-9　　€ 19.90

8 *Lindenthal, Jakobsweg Österreich Wien – Maria Einsiedeln (CH)*
978-3-7022-2199-7　　€ 21.90

9 *Lindenthal, Jakobsweg Süd-Österreich Graz – Innsbruck*
978-3-7022-2438-7　　€ 21.90

Nützliche Informationen

Der Weg

Der 300 km lange Pilgerweg auf den Spuren des hl. Benedikt verläuft ausschließlich auf Steigen, Feld- und Forstwegen sowie wenig frequentierten Nebenstraßen. Dieser Führer ist die Frucht einer dreijährigen Arbeit: Mit Hilfe von Ortskundigen – die jetzt als *Amici del Cammino*, als Freunde des Benediktweges, den Pilgern mit Rat und Tat zur Verfügung stehen – wurden die Wirkstätten des hl. Benedikt miteinander verbunden, unter Einbeziehung von attraktiven Städten und Dörfern, Klöstern und Einsiedeleien, Naturdenkmälern und Zeugnissen der römischen und frühchristlichen Geschichte. Für den gesamten Weg stehen GPS-Tracks zur Verfügung. Sie können von der Homepage www.camminodibenedetto.it heruntergeladen werden.

Pilgern – eine Frage des Stils

Ein Pilger ist rücksichtsvoll, freundlich und bescheiden. Wenn er sich zu benehmen weiß, ist er – und die Pilger, die nach ihm kommen – überall gerne gesehen und wird freundlich aufgenommen werden.

Für die Fußpilger: Nutzen Sie die ersten Stunden des Tages zum Pilgern. Da sind Sie ausgeschlafen, die Luft ist frisch, die Temperatur angenehm. Vor allem auf den Steigen und Fußwegen ist die Wegbeschreibung genau zu beachten. Vermeintliche Abkürzungen oder Varianten können Sie in abschüssiges, gefährliches Gelände oder im Kreis führen. Kehren Sie besser um, wenn Sie merken, dass Sie auf dem falschen Weg sind. Wandern Sie immer mit vollen Wasserflaschen und füllen Sie diese bei jeder Gelegenheit auf. Die Brunnen entlang des Weges führen durchwegs gutes Trinkwasser (das schon die alten Römer schätzten).

Für die Radpilger: Pilgern mit dem Rad ist kein Leistungssport und schon gar kein Radrennen. Fahren Sie stets vorsichtig und verhalten Sie sich rücksichtsvoll gegenüber den Fußpilgern, Wanderern und Spaziergängern sowie den Tieren und Menschen in den Ortschaften. Fahren Sie zu Ihrer Sicherheit immer mit Helm und in bunt leuchtender Fahrradbekleidung. Ihr Rad benötigt eine Glocke, Lampen und Kotflügel. Führen Sie Reparaturwerkzeug und ein Erste-Hilfe-Set mit.